《农村文化礼堂建设蓝皮书（2013—2022年）》
编委会

农村文化礼堂建设蓝皮书

（2013—2022年）

中共浙江省委宣传部　编

浙江人民出版社

图书在版编目（CIP）数据

农村文化礼堂建设蓝皮书：2013—2022年 / 中共浙
江省委宣传部编. — 杭州：浙江人民出版社，2022.12
ISBN 978-7-213-10864-8

Ⅰ. ①农… Ⅱ. ①中… Ⅲ. ①农村文化-礼堂-研究
报告-浙江-2013-2022 Ⅳ. ①G127.55

中国版本图书馆CIP数据核字(2022)第230349号

农村文化礼堂建设蓝皮书(2013—2022年)

中共浙江省委宣传部 编

出版发行 浙江人民出版社（杭州市体育场路347号 邮编 310006）

市场部电话：(0571)85061682 85176516

责任编辑 钱 丛

责任校对 王欢燕

责任印务 幸天骄

封面设计 王 芸

电脑制版 杭州兴邦电子印务有限公司

印 刷 杭州富春印务有限公司

开 本 710毫米×1000毫米 1/16

印 张 14.75

字 数 190千字

插 页 2

版 次 2022年12月第1版

印 次 2022年12月第1次印刷

书 号 ISBN 978-7-213-10864-8

定 价 58.00元

如发现印装质量问题,影响阅读,请与市场部联系调换。

目 录

专 题

地方报告

地方案例

总　论

党的二十大指出，中国式现代化是物质文明和精神文明相协调的现代化。物质富足、精神富有是社会主义现代化的根本要求。习近平总书记强调，共同富裕是全体人民共同富裕，是人民群众物质生活和精神生活都富裕。党的十八大以来，浙江高度重视基层宣传文化阵地建设，面对农村文化建设、农民精神富有的"两个短板"，在全国首创农村文化礼堂，并连续多年纳入省政府十方面民生实事项目。建设属于农民群众的"精神家园""生命空间"，强化农村思想政治教育、优质文化供给和精神文明建设，走出了一条具有浙江特色、富有时代特征的基层宣传文化阵地建设新路径。万家农村文化礼堂犹如群星璀璨，唤醒了沉潜于乡土民间的文化自觉意识，激发出蕴藏在百姓心中的文化创造热情，凝聚起积淀于农民意识深处的家国情怀，迸发出推动共同富裕更基本、更深层、更持久的内生动力。

一、农村文化礼堂建设概述

农村文化礼堂是基于弘扬优秀传统文化、传播先进文化、增强村民

执笔：刘雨升，浙江省委宣传部宣教处三级主任科员；阮可，浙大城市学院共同富裕研究院研究员，主要从事公共文化、文化礼堂研究。

凝聚力和归属感而建设的集学教、礼仪、娱乐于一体的长效型农村文化综合体，主要由礼堂、讲堂、文体活动场所和展示展览设施等组成，其建筑面积一般不少于200平方米。农村文化礼堂是群众自发创造与政府引领推动的合力之作，展现了浙江基层活力与创新的生动画面。

从基层先行到全域覆盖。农村文化礼堂发源于杭州市临安区。省委宣传部深入全面调研、总结研究提炼，结合浙江基层文化发展实际，大力推广农村文化礼堂建设，从2013年到2022年，指导各地采用新建、改建和扩建方式建成20511家，其中杭州1954家、宁波2229家、温州3434家、湖州910家、嘉兴790家、绍兴1775家、金华2806家、衢州1430家、舟山307家、台州3138家、丽水1738家，全省500人以上行政村覆盖率达到100％。截至2022年，五星级文化礼堂1811家，4批农村文化礼堂建设示范县（市、区）63个和乡镇（街道）361个，遍布之江大地，走到群众身边。

从标准规范到主题特色。印发《浙江省农村文化礼堂建设标准》等文件，提出"五有三型"①"两堂五廊"②等建设标准，强调统筹建好文化活动室、农家书屋等，为农村提供标准化公共服务设施。2020年开展书香文化礼堂建设，而后围绕红色、墨香、古韵、活力等主题建设文化礼堂，推动文化礼堂硬软件特色化发展，已建成189家特色文化礼堂。2022年，大力实施文化礼堂"微改造、新提升、大迭代"计划，提升山区县26个乡镇（街道）和532个村文化礼堂硬件水平。

从实践创新到机制创新。农村文化礼堂在建设过程中涌现的创新举措不断机制化、体系化，形成省市县三级管理体系、文化礼堂建设工作

---

① "五有三型"：按照有场所、有展示、有活动、有队伍、有机制和学教型、礼仪型、娱乐型的"五有三型"要求，建设并使用好文化礼堂。
② "两堂五廊"："两堂"指礼堂和学堂；"五廊"指村史廊、民风廊、励志廊、成就廊、艺术廊。

领导小组工作模式、星级文化礼堂管理机制①，建立省级重大项目"揭榜挂帅"机制和互学互比赛马机制②等，广泛推广理事会制度、社会运行机制等。创新构建"农村文化礼堂效能评价体系"③，全省农村文化礼堂平均效能指数达到75以上。

从浙江标识到全国推广。农村文化礼堂作为浙江打造基层文化阵地的重要品牌逐步在全国推广。形成"我们的村晚"④"我们的村歌"⑤"我们的村运会"⑥"我们的村礼"⑦等品牌，建立起"文化管家"、最美文化礼堂人、礼堂管理员等人才队伍，其中最美文化礼堂人已有169人。"支持文化礼堂建设"被写入2019年中央一号文件⑧，向全国推广。2022

① 星级文化礼堂管理机制：浙江省委宣传部2017年8月29日印发《浙江省农村文化礼堂星级管理办法（试行）》（浙宣〔2017〕46号），每年开展五个等级星级评定工作。
② 重大项目"揭榜挂帅"机制和互学互比赛马机制：2022年印发《浙江农村文化礼堂效能提升十大举措》，提出采用"揭榜挂帅"形式，每年推出十项以上礼堂重大改革项目。每季度分层分类开展文化礼堂互学互比赛马，作为示范激励的重要依据。
③ 农村文化礼堂效能评价体系：2021年打造"礼堂家"智慧服务应用，创新推出文化礼堂效能指数，由基础因子、活跃因子、影响因子、评价因子构成，量化评价文化礼堂使用效能情况。
④ "我们的村晚"：2015年开始每年春节期间在全省举办文艺演出，秉持农民演给农民看原则，丰富农民群众精神文化生活，营造喜庆祥和的节日氛围。
⑤ "我们的村歌"：推动各地创作传唱展现乡村特色文化的歌曲，2022年举办"我要上村晚　我们的村歌"活动，线上展播5天获得近80万群众点赞。
⑥ "我们的村运会"：联合省体育局每年举办农民运动会，将体育赛事、健身指导等送到群众家门口。
⑦ "我们的村礼"：围绕"礼堂有礼"主题，深入挖掘地方特色文化，从2021年开始每年推出一批具有礼堂辨识度的文创产品、特色农产品，讲好乡村故事、礼堂故事、"村礼"故事。
⑧ 2019年中央一号文件：中共中央、国务院印发《关于坚持农业农村优先发展做好"三农"工作的若干意见》。

年中央一号文件①推广浙江经验，提出支持开展村歌、"村晚"、农民运动会等活动。

二、农村文化礼堂建设历程

久久为功方能建功久久。浙江坚持一张蓝图绘到底、一任接着一任干，十年做成一件事、做好一件事，不断推动农村文化礼堂建设从"盆景"到"风景"，成为具有浙江辨识度的重大标志性成果。

1. "起始发轫"阶段（2011—2013年）

2011年，杭州市临安区岛石镇下许村、光辉村等村民投入民间资本，利用原祠堂开发建设公共活动空间，将其改建成全村人的活动场所。2012年，临安区开始实施农村文化礼堂建设工程，农村文化礼堂在满足农民群众对公共文化空间的期待和对品质文化生活的需求等方面，作用初步彰显。省委宣传部剖析临安经验，赴全省各地村居调研，组织宣传文化、国土建设、农业农村等部门和乡土文艺团队、基层干部群众代表座谈，深入全面了解群众需求，分析研究文化礼堂建设模式，大力推广农村文化礼堂建设。2013年3月，全省农村文化礼堂建设工作现场会在临安召开，同年5月，省委办公厅、省政府办公厅印发《关于推进农村文化礼堂建设的意见》（浙委办发〔2013〕37号），在全省500人以上行政村部署开展礼堂建设。

2. "提质扩面"阶段（2014—2017年）

2014年开始，浙江农村文化礼堂建设步入快车道，以每年1000家的建设速度推进。浙江坚持一年一场现场会的推进力度，不断探索文化礼

---

① 2022年中央一号文件：中共中央、国务院印发《关于做好2022年全面推进乡村振兴重点工作的意见》。

堂建设体系化发展和机制性改革。在成立农村文化礼堂建设工作领导小组基础上，2016年4月，全省农村文化礼堂建设现场会在东阳市召开，会议创新性提出"建管用育"①一体化推进的工作模式。2017年4月，省委办公厅、省政府办公厅印发《关于推进农村文化礼堂长效机制建设的意见》（浙委办发〔2017〕22号）等，同时打响2020年实现全省1万家农村文化礼堂的建设目标。农村文化礼堂从单纯的阵地建设向"多部门参与、一体化发展、全社会共建""建管用育"一体化方向转变。2014—2015年在全国农村精神文明建设工作经验交流会、全国培育和践行社会主义核心价值观工作经验交流会、全国基层公共文化服务工作现场经验交流会、全国基层思想政治工作座谈会上，浙江省就农村文化礼堂工作四次进行典型介绍。

3."万村点亮"阶段（2018—2021年）

2018年9月，全省第10000家农村文化礼堂在建德市三都镇镇头村建成，"万家礼堂"目标提前2年实现。恰逢首届"中国农民丰收节"，浙江举办"万家礼堂庆丰收"活动，依托农村文化礼堂展现农民群众对新时代美好生活的真挚赞美。万家农村文化礼堂蓄积的文化势能，蕴涵了浙江广大农民群众对新时代美好生活的澎湃情感。为让全省农民群众都能共享富足的精神文化生活，都有归属自己的"精神家园"和"生命空间"，同年6月，省委办公厅、省政府办公厅印发《浙江省农村文化礼堂建设实施纲要（2018—2022年）》（浙委办发〔2018〕41号），提出到2022年实现500人以上行政村文化礼堂全覆盖的目标，实施"万家文化礼堂引领"工程，以每年3000家建设的"加速度"建设，为打造全域文化繁荣、全民精神富有凝聚乡村力量。

---

① "建管用育"：文化礼堂建设、管理、使用、培育等工作一体化推进。

4."迭代提升"阶段（2022年至今）

以全省数字化改革为契机，以赋能共同富裕示范区建设为重点，浙江农村文化礼堂探索数字化转型升级，促进强大的建设势能向高质量的使用效能转变，为乡村智治夯实基础。2022年，"礼堂家"农村文化礼堂智慧服务应用在全省全面推广，聚焦解决城乡文化一体化供给和全省2万余家礼堂科学化管理的难点问题，高质量贯通省、市、县（市、区）、乡镇（街道）、村五级，打造"荐、用、评、管"四大场景和礼堂画像、效能评价等功能，全面整合省教育厅等省直单位，浙江音乐学院、中国美术学院等高校，物产中大等国企，阿里等民企数字化服务内容，特色打造"我在礼堂逛故宫""我在礼堂上浙大"等板块，着力实现农村文化礼堂系统性变革。截至2022年9月，累计服务人次超过1.8亿、举办活动超过200万场，全年推动165家文化礼堂数字化微改造。同年4月，省委宣传部印发《浙江农村文化礼堂效能提升十大举措》，实施"农村文化礼堂赋能共同富裕引领计划"，举办项目路演直播活动，30万人在就近礼堂实地观看，360万余人次线上观看，推出38项宣教文化活动和体制机制创新改革项目。以农村文化礼堂为中心的农村"15分钟品质文化生活圈"正逐步形成。

三、农村文化礼堂主要功能

1.红色新课堂：筑牢农村思想基础

农村文化礼堂成为党的创新理论学习新课堂，通过整合道德讲堂、微型党课等宣讲资源，引导农民群众通过展陈展示、基层党课、经典诵读等方式，学习习近平新时代中国特色社会主义思想，让"粘泥土""带露珠""冒热气"的宣讲走进群众心坎，如嘉兴市围绕"建红色礼堂、融红船精神"，深化"红船微党课"等品牌，把文化礼堂培育为爱国主义教育基地；衢州市开展"8090新时代理论宣讲团"走进文化礼堂，发挥文化礼堂思想引领作用。据不完全统计，2021年基层宣讲进礼堂达8000场。2022年5月29日，时任省委书记袁家军在德清县高峰村文化礼堂宣讲省党代会精神，全省各级领导开展基层宣讲，70%也都在文化礼堂。省第十五次党代会召开后，省委宣传部印发《关于依托农村文化礼堂开展省第十五次党代会精神群众性宣传教育活动的通知》，依托农村文化礼堂深入阐释省党代会精神，举办主题授课、读书交流、展览展示、观影体验、文艺演出等活动2万余场次。党的二十大召开后，省委宣传部部署"奋进新征程　礼堂大学习"党的二十大精神群众性宣传教育活动。农村历来是敌对势力"布道"、进行意识形态渗透的薄弱环节。十年来，根据农民意愿，全省2300多家宗祠、宗教场所改建为文化礼堂，鲜明生动、理直气壮地开展主流意识形态教育，引导农民群众少听谣言蛊惑多听正面声音。2016年，时任省委书记夏宝龙在《永嘉县深化农村文化体育建设引领群众"走出教堂、走进礼堂"》的专报上，批示推广此做法。农村文化礼堂还成为涵养文明乡风、良好家风、淳朴民风的重要场所，广泛设立"最美人物榜""善行义举榜""军人荣誉墙"，积极开展"最美"家庭、"好家风评选"、乡风评议等，培育良好家风，推进乡村移风易俗。

2. 文化综合体：构建农村"15分钟品质文化生活圈"

农村文化礼堂有效承接市县图书馆、博物馆、展览馆、美术馆的优势资源，打造成一座座"乡村博物馆""乡村图书馆""乡村展览馆""乡村美术馆""乡村非遗馆"等，如金华市注重展示非遗民俗活动与非遗手工艺，建造乡愁乡情博物馆；舟山市建有"军港文化馆""渔业博物馆""五匠馆"等文化礼堂。这些主题突出、特色鲜明的文化礼堂让农民群众享受到了较好的公共文化服务。农村文化礼堂广泛开展"我们的村晚""我们的节日"等文艺活动。2020年春节前后全省共举办11364场"我们的村晚"，基本实现"村村办村晚"，得到了时任省委书记车俊的批示肯定。2021年尽管受疫情影响，但全年仍开展各类活动超25万场，受众达1800万人次。2022年，在年初疫情影响下，首次以"云上村晚"形式举行村晚，全网总曝光量破1亿，得到广大干部群众的认可和欢迎。农村文化礼堂广泛开展农村运动会等体育活动，截至2021年底已组织在9000余家礼堂举办体育赛事，受惠群众达2230万人次。农村文化礼堂各项文体活动，让农民群众找到了参与群众性活动的机会和展示自身才艺的舞台，充分激发了主动性和积极性，形成健康阳光、积极向上的乡村新风尚。农村文化礼堂传递的是文化，重建的是信心，凝聚的是人心，展示了农村新风貌，推动实现"精神共富"。

3. 文明实践站：全面提升村民素质

各地围绕农村文化礼堂"精神家园"的功能定位，坚持大力弘扬社会主义核心价值观，让农民群众在文化礼堂各项文明实践活动中得到教育、受到熏陶。一是培育农村"最美"风尚。广泛设立"最美人物榜""善行义举榜""学子榜""军人荣誉墙"，积极开展"最美"家庭、好邻里好儿女好婆媳等评议展示，积极宣传村民身边的先进人物和感人事迹，培育农村"最美"风尚。比如嘉善县天凝镇洪溪村通过建设农村文化礼堂，颂扬凡人善举、共建和谐邻里，从曾经的"上访村"变成了远近闻名的"和谐村"。二是培育农村文明风尚。在农村文化礼堂积极开展优良家规家训展示、"好家风评选"和乡风评议，推进家风乡风建设；开设家宴中心、开展公筷行动，推动乡村移风易俗；创设"放学来吧""微心愿认领""大家帮"等载体，通过温馨暖心的"举手之劳"推动邻里互帮互助，文明健康向上的文明风尚得到弘扬。三是培育礼仪文化。广泛举办开蒙礼、成人礼、婚礼、敬老礼、祈福迎新礼等形式多样、内涵丰富、仪式庄严的礼仪活动，省委宣传部组织编撰《礼堂学礼》绘本读物，大力弘扬礼仪传统，形成乡村新风尚。各地也纷纷举办各具特色的礼仪活动，比如台州市路桥区推出"共富十礼"，开展"乡村礼仪随手拍"等活动。

4. 乡村服务站：共享优质公共服务

农村文化礼堂始终坚持服务农民群众的功能定位，盯牢农民群众文化享受、健康素养、社区教育、体育健身等日常需求，有效整合综治中心、文体中心、农家书屋、老年活动中心、青年之家、妇女之家等各类农村阵地资源，为群众提供便利的综合服务，不仅增加了群众的获得感，也增强了群众对党和政府的认同感。特别是省教育厅、省卫生健康委、省体育局实施三年行动计划，推动社区教育、健康素养、体育进文化礼堂。其中，教育厅开发礼堂课程300门，开展社区教育超6.5万场次；省卫生健康委开展5万场次活动。各地也不断创新服务方式。如丽水市开展"文化礼堂＋养老中心""文化礼堂＋电商中心"等多种活动；乐清市研发"智慧服务系统"，组建全国首支新时代文化礼堂先锋队，开展"山海之城·醉美乐清"惠民专项行动；长兴县通过实施"抱团配送"，允许"一餐多选"等方式，解决各部门单独行动的问题，把公共文化服务的选择权交给普通群众。在疫情期间，农村文化礼堂闭"堂"不停场，通过线上"村晚"、云上抗疫发布、跑腿帮办服务等形式，让防疫的声音传到田间地头，组织的关怀走进千家万户，赢得了群众赞誉。农村文化礼堂服务贯穿从农村青少年到老年的全生命周期公共服务，不但成为农民生活尤其是农村老人"享老"空间，也成为吸引青年人返乡创业的孵化空间，逐渐升华为广大农村居民的"生命空间"。

5. 农民议事堂：吹响乡村治理前哨

农村文化礼堂成为打通联系服务群众"最后一公里"、开展乡村治理的有效载体。如宁海县青珠村文化礼堂设立"乡贤馆"，建立"乡贤议事会"，充分发挥乡贤作用，助力当地乡村治理和发展。农村文化礼堂充分发挥着议事堂功能，村民经常在这里参与讨论重大事项、监督村务公开阳光运行、参加村级组织换届选举等，比如2021年村社换届选举基本是在农村文化礼堂里进行，让百姓心中有"谱"，有效培育了农民主人翁意识。同时，依托农村文化礼堂广泛开展心理咨询、访贫问苦、帮难解困等活动，礼堂管理员、文化管家等队伍也发挥了调解家庭纠纷、邻里矛盾，参与乡村治理的重要作用，实现"小事不出村"的基层自治，比如绍兴市柯桥区文化礼堂充分发挥"基层矛调中心"功能，有效推动农村社会更加和谐、更为有序。2022 年，农村文化礼堂建设已被纳入全省基层治理系统工作，以"礼堂家"平台助力完善"四治融合"城乡基层治理体系，发挥德治先导作用。

四、农村文化礼堂建设经验启示

1. 夯实意识形态阵地建设是"立身之基"

意识形态工作是为国家立心、为民族立魂的工作。新时代、新形势下，要建好基层宣传文化阵地，就必须将意识形态工作落实到阵地建设中去，牢牢掌握基层意识形态阵地建设领导权、管理权、话语权，筑牢基层意识形态的"根据地"。很长一段时间，农村意识形态工作存在薄弱点，农村意识形态阵地建设处于"真空"状态。党的十八大以来，浙江牢牢把握这一现实问题，在全国率先建设农村文化礼堂，始终把农村文化礼堂建设作为巩固党在农村的执政基础、壮大党和政府服务农民群众基层阵地的重要抓手，推动文化礼堂在时代发展进步中发挥出重要的阵地作用，着力探索出一条可推广可复制的农村宣传文化阵地建设路径。只有建设具有强大凝聚力引领力的主流意识形态阵地，才能在现代化先行中实现文化先行，让社会文明程度达到新高度。

2. 补齐共同富裕两大短板是"关键之举"

在实现共同富裕道路上，城市与农村相比，农村是短板；物质富裕与精神富有相比，精神是短板，实现农村精神富有迫在眉睫。农村文化礼堂建设始终坚持问题导向，努力成为弥合城乡差距、滋润基层文化的有效抓手。在建设农村文化礼堂过程中，浙江始终坚持精准对接农民群众需求，树立"精神家园"的建设目标，有针对性地提供服务，不断满足不同人群的个性化需求，找到基层宣传文化阵地建设的发展秘诀。比如农村文化礼堂开设"放学来吧"等载体，打造少年儿童的"学习乐园"；运用市场化运作等方式，吸引青年人返乡创业，将文化礼堂打造成"创业平台"；推进适老化改造，提供特色老年服务，建设老年人的"享老空间"。成为农民群众的"精神家园"首先在于群众想来、常来，关键是要让群众全生命周期都可以在礼堂里享受文化服务。只有坚持问题导向，融入群众日常，才能发挥基层宣传文化阵地夯基固本、凝心聚力的重要作用。

3. 助力实现乡村振兴是"发展之策"

基层宣传文化阵地建设要着眼以文化的力量推动区域经济社会发展。农村文化礼堂作为扎根乡村大地的重要阵地，从建设之初就紧紧围绕助力乡村发展，推动"三农"工作走深走实。党的十九大提出实施乡村振兴战略，农村文化礼堂紧跟落实，2018年省委办公厅、省政府办公厅印发《浙江省农村文化礼堂建设实施纲要（2018—2022年）》明确提出"把农村文化礼堂建设作为实施乡村振兴战略的重要内容"。农村文化礼堂深入挖掘乡村特色文化，通过思想道德引领、文化文艺活动等丰富农民群众精神文化生活，通过吸引创客回乡、打造共富工坊、推出特色村礼等创新举措为乡村经济社会注入发展活力，推进乡村振兴的过程中农村文化礼堂获得了强大的生命力和影响力。基层宣传文化阵地建设只有融入中心、服务大局，才能认清定位、找到方向，走出一条可持续高质量发展之路。

4. 构建基层阵地四大体系是"固本之道"

农村文化礼堂建设作为在共同富裕中实现农民群众精神富有的重要内容，始终坚持系统化体系化发展，着力构建支撑建设的"四梁八柱"。

从规范标准到要素保障、从建设为本到"建管用育"一体化发展、从宣传部门牵头到全社会共同参与，浙江锚定"文化礼堂　精神家园"发展目标，逐步确立起聚焦群众需求的目标体系、聚焦效能提升的工作体系、聚焦保障到位的政策体系、聚焦有效考核的评价体系等四大体系，创新建设工作举措，完善资金、土地等要素保障，不断提升全域农村文化礼堂使用效能，加速实现农民群众精神共富。基层宣传文化阵地倘若只建不管、只管不用、只用不育，必将根基不稳、后劲不足，只有科学化构建"四大体系"，才能推动基层宣传文化阵地建设积厚成势、全面铺开。

5. 注重群众共建共享是"动力之源"

发展为了人民、发展依靠人民。基层宣传文化阵地建设不仅要服务群众，更要激发群众的主动性和积极性，强化主体意识，投入阵地的建设使用。农村文化礼堂建设始终坚持从农民群众出发，坚持农民群众主体地位，不断强化农民群众的主人翁意识，提升其对农村文化礼堂的归属感和依赖感。比如，"我们的村晚"始终坚持"农民演，农民看"，让农民群众做主角，有效激活农民群众的文化内生动力；又如文化礼堂里展示的村史和寿星榜、学子榜等都在潜移默化中更加密切了礼堂与群众之间的联系纽带。农民群众已从"要我建"向"我要建"转变、从"要我来"向"我要来"。正是因为农民群众真正欢迎，农村文化礼堂才具有了蓬勃旺盛的发展活力，才能十年建设、历久弥新。

6. 突出部门系统资源整合是"成事之要"

浙江注重调动各方力量，整合发展资源，在推进阵地建设过程中构建了纵向到底、横向到边的建设工作架构。特别是压实各级党委职责，明确列入党委（党组）意识形态工作责任制督查范围和党政领导班子实绩考核评价体系，7 年将农村文化礼堂建设列入省政府十方面民生实事项目。注重发挥农村文化礼堂建设工作领导小组成员单位的作用，如省财政厅、省建设厅强化文化礼堂的要素保障，省教育厅、省卫生健康委、省体育局等单位不断输送丰富的文化服务资源，确保文化礼堂建设工作可以长期稳定有效推进。部门单位之间的多跨协同是基层宣传文化阵地建设的有力支撑，只有发挥各部门单位的职能优势，才能有效构建"大宣传"格局，形成大声势、打出组合拳。

浙江省第十五次党代会报告将"农村文化礼堂全覆盖"作为过去五年新时代文化建设取得的重大成果。十年为民惠民、十年凝心铸魂，农村文化礼堂探索出一条基层宣传文化阵地高质量建设的实践路径。党的二十大明确提出以社会主义核心价值观为引领，发展社会主义先进文化，弘扬革命文化，传承中华优秀传统文化，满足人民日益增长的精神文化需求，巩固全党全国各族人民团结奋斗的共同思想基础，不断提升国家文化软实力和中华文化影响力。而今农村文化礼堂承担着的就是在新征程带领农民群众实现精神共富的重任。

建好文化礼堂是一个创举，用好文化礼堂是更大的创举。万堂唱响共富歌的生动局面已经形成，建设势能转化为使用效能的号角已经吹响，农村文化礼堂将秉持"广聚人气、凝聚人心"目标，坚持"文化礼堂　精神家园"定位，以数字化改革为牵引，以"礼堂十条"为抓手，高站位开展思想政治教育，高品质丰富精神文化生活，高水平谋划科学精准管理，高标准推进特色礼堂建设，高要求培育农村人才队伍，让文化礼堂真正成为年轻人回乡创业就业的新平台，成为农村居民生活尤其是农村老人"享老"的新空间，真正从"物理空间"升华为广大农村的"精神文化空间"、农村居民的"生命空间"，实现农村"精神共富"，努力在高质量发展中奋力推进中国特色社会主义共同富裕先行和省域现代化先行新征程上贡献智慧和力量。

专题

共建：从标准化推进到特色化发展

作为加强基层宣传思想文化工作、推动乡村文化振兴的主要抓手，农村文化礼堂建设工作聚焦文化物理空间建设，在规划、标准、资金保障上做了一系列有益探索，在浙江省乃至全国打响了品牌、形成了声势、彰显了价值，并被列入省市县各级政府的年度民生实事项目，编入"十三五""十四五"总体发展规划，一年确定一目标、一年接着一年干，经过多年的稳步推进与创新发展，建设成为浙江美丽乡村的靓丽风景。

一、建设农村文化礼堂的部署决策

农村文化礼堂建设从星星之火到燎原之势，首先在于谋划长远的决策部署和持之以恒的有序推进。2012年，杭州市临安区板桥镇上田村建成浙江省第一个农村文化礼堂。村民们在礼堂内开辟了励志廊、村史廊、荣誉廊、书法廊、武术廊等展示和活动空间，群众参与热情高涨，引起了全省关注。2013年，浙江省农村文化礼堂建设工作现场会在临安上田召开，总结交流加强农村宣传文化阵地建设的做法和经验，研究部

执笔：张雷，经济学博士，浙江传媒学院教授，主要从事文化产业管理与传媒经济研究。

署浙江省农村文化礼堂建设工作。为了更快更好地推进文化礼堂建设，省委、省政府同年出台了《关于推进农村文化礼堂建设的意见》（2013 年 5 月），夯实文化礼堂建设基础，打造共有精神家园。随后，省委宣传部每年出台农村文化礼堂建设工作要点，通过持续修订编印《文化礼堂操作手册》《农村文化礼堂建设计划》，召开现场会、开展专题调研等多措并举，帮助文化礼堂从小到大、由点到面、由"盆景"变"风景"。

2017 年，为进一步规范和指导农村文化礼堂建设，省委宣传部联合省住房和城乡建设厅总结实践经验，参考相关规定和规范，制订了《农村文化礼堂建设标准》（2017 年 3 月）。2018 年，为扎实推进"万家文化礼堂引领"工程，深入实施乡村振兴战略，加快建设文化浙江，省委、省政府制定了《浙江省农村文化礼堂建设实施纲要（2018—2022）》（2018 年 6 月）。纲要不仅明确了到 2022 年实现规模以上行政村文化礼堂全覆盖的目标，而且对礼堂面积作出原则性规定。

进入提质扩面增效新阶段后，新一轮农村文化礼堂建设大幕全面开启。礼堂建设连续纳入省政府十方面民生实事项目和省政府工作报告重点工作。结合深化推进"千万工程"，农村文化礼堂建设作为实施乡村振兴的重要内容，被深度纳入经济社会发展的"总盘子"，"质量"成为文化礼堂建设的新方向，建设规划的起点也随之提高。接下来，如何扫盲区、提效能、可持续，如何找差距、补短板、强弱项，如何把农村文化礼堂建设成为展示"重要窗口"的美丽乡村风景线，破题之策就是进入数字化改革跑道，通过数字赋能，打造农村文化礼堂 2.0 版，蹄急步稳推进建设工作。

二、建设农村文化礼堂的探索实践

1. 文化礼堂建设的阶段性推进

近十年来文化礼堂的建设覆盖面不断扩大，已经从2013年的1705家，持续增长到2022年的20511家，规模达到建设初期的12.03倍，成绩可见一斑。从阶段性推进来看，主要经历了探索期、推进期、扩面期和提质期等四个阶段。

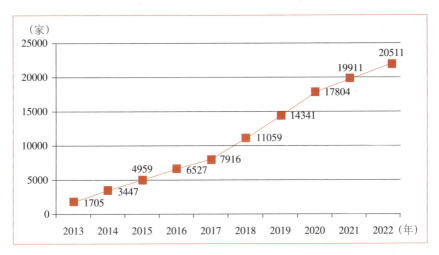

表1：2013—2022年浙江省文化礼堂数量增长趋势图

农村文化礼堂建设探索期。2013年是浙江省文化礼堂试点建设的元年，试点建设主要集中在文化特色鲜明、人口相对集中、经济社会发展基础较好的中心村。初期的文化礼堂建设坚持因地制宜、资源整合和分类推进的原则，聚焦农民群众文化所需所盼，以政府主导、社会共建、群众参与方式建设，实现从"要我建"变成"我要建"，从"要我来"变成"我要来"。到2015年底，浙江省共计建成文化礼堂4959家，增速显著。

杭州市临安区板桥镇上田村文化礼堂

农村文化礼堂建设推进期。2016年4月，农村文化礼堂建设工作现场会在金华东阳召开，提出文化礼堂建设要打好"建管用育"组合拳，文化礼堂建设进入"快、准、稳"的发展新阶段。"快"是指继续保持较快的增长步伐，在规模上不断突破，到2017年底已建成农村文化礼堂近8000家。"准"是指农村文化礼堂的建设不断走向标准化，在规划、标准、投入上都予以明确，着力提升设施建设水平，做到标准不松、质量不降。"稳"是指在浙江省范围内稳步推行"建管用育"一体化体系，充分利用好前期的建设基础，重视突出地域文化特色，注重与美丽乡村、乡村旅游线路的融合建设，做好提升内涵、丰富内容、有效服务等工作。

文化礼堂建设扩面期。2018年是浙江文化礼堂建设的标志性年份，一是建设规模突破万家，达到11059家；二是提出新一轮文化礼堂建设目标，《浙江省农村文化礼堂建设实施纲要（2018—2022年）》从科学规划布局、提升建设品质、优化场馆功能等多个方面，对农村文化礼堂建设作出规划和指导。进入扫盲攻坚阶段后，文化礼堂的年度新增规模一直保持在每年3000家以上。到2020年底，共建成农村文化礼堂17804家，500人规模以上的行政村覆盖率超过90％，宁波、嘉兴提前实现全覆盖。依托文化礼堂，率先开展具有浙江特点的新时代文明实践中心建设探索，对文化礼堂的建设赋予新使命，提出新要求。

农村文化礼堂建设提质期。2021年4月，浙江省农村文化礼堂2.0版工作现场会在绍兴柯桥举行，发布"礼堂家"农村文化礼堂智慧服务应用。数字化改革将成为催生文化礼堂提质增效的硬核引擎，在文化礼堂的体系重塑、内容重建、管理重构、品牌重铸等方面作出系列重要部署，赋能新时代的农村文化礼堂建设，文化礼堂建设进入数字化改革新阶段。

2. 文化礼堂建设的系统化推进

农村文化礼堂建设始终坚持多跨部门系统化协同推进。领导小组成员单位18家、各级领导小组办公室纵向推进建设工作。在建设方式上，新建、改建、扩建多种形式并进。各级农村文化礼堂建设工作领导小组成员单位牢固树

玉环市芦浦镇西塘村尖山文化礼堂

立大局意识，打破以往基层文化资源供给体系中以部门分割和行政层级为导向的配置模式，从"单兵推进"变为"集团作战"，化"独角戏"为"大合唱"，形成文化礼堂建设共同体。

通过互通互融、共建共享，推动农村文化礼堂、新时代文明实践中

心与县级融媒体中心的融合。通过采用融媒体矩阵、大数据、云平台、VR 等技术手段，借助在线展厅、图书馆和博物馆等服务资源，创新"一礼堂两中心"阵地、队伍、内容的融合方式，把所有资源"放到一个篮子里"，增强整体建设、管理和服务效能。

3. 文化礼堂建设的标准化推进

文化礼堂建设的标准雏形可追溯到 2012 年。临安区在上田村动工建设省内第一个村级文化礼堂后，经过反复研讨、实践、打磨、总结，提出的文化礼堂建设"两堂五廊"的"标准配置"，为浙江省标准的制定提供现实依据和有益借鉴。

为了进一步规范和指导农村文化礼堂建设，达到合理与节约投资的目的，2017 年制订出台《浙江省农村文化礼堂建设标准》。标准围绕"文化礼堂　精神家园"定位，明确农村文化礼堂的功能与要求，从选址与规模、总体布局与室外环境、建筑设计和建筑设备等多个方面，对文化礼堂建设提出标准规范。

"五有三型"的标准要求，即按照有场所、有展示、有活动、有队伍、有机制和学教型、礼仪型、娱乐型的"五有三型"要求，建设并使用好文化礼堂。通过践行浙江省"一张网""建管用育"一体化的工作思路，把文化礼堂打造成功能完备、管理有序、运作高效的农村文化综合体，为农村基层提供标准化的公共文化服务。

4. 文化礼堂建设的特色化推进

在坚持《浙江省农村文化礼堂建设标准》和"五有三型"等基本标准的前提下，各地文化礼堂依照"一村一品、一堂一色"的内涵要求，结合当地实际，大胆创新，不断在文化礼堂的建筑风格、功能服务、展示内容等方面挖掘特色、树立品牌，积极推进文化礼堂的特色化建设。书香礼堂、古韵礼堂、红色礼堂等一大批特色礼堂点缀乡间，大放异彩。2020 年浙江省建设了 100 家书香文化礼堂。这些礼堂书香味浓、设计

开化县金星村书香礼堂

感强。在整体规划上充分体现书香风格，创意设计上更好地融入当地人文特色，在功能开发上更多地满足了图书陈列、线上阅读、线下阅览、集会活动等多元需求。有的礼堂还增加了轻餐饮、文创展销、沙龙讲座等拓展区域，为书香礼堂平添了几分时尚气息。比如说，宁波余姚市的低塘街道历史文化底蕴深厚，经过改造升级，将11个文化礼堂全部从农家书屋变身为书香文化礼堂。一个个颇具古风韵味的小型图书馆与市图书馆"串联"起来，馆藏的书籍均来自市图书馆。在书籍的种类和数量上，每个礼堂的图书不少于5000种、10000册，特色图书不少于100册，报刊不少于30种，且图书的月更新次数不少于1次，3年内出版的新书占总数20％。每个礼堂每月至少组织一场阅读活动，通过举办农民阅读大赛、读书沙龙、作家签名赠书、农村儿童读书征文等系列阅读推广活动，培养村民阅读习惯；嘉兴市秀洲区有着丰富的非物质文化遗产，通过建设非遗主题的文化礼堂，在礼堂中嵌入灶画、水乡婚俗、蚕桑等非遗馆，布局竹编、造船技艺、木雕、戏曲文化等非遗展陈，将礼堂打造成为传统文化保护和传承的重要载体，让江南水乡特色鲜明的文化遗产焕发出新的生机与活力；衢州市则在凸显"南孔圣地·衢州有礼"城市品牌的基础上，全域强化文化礼堂在文化传承上的功能特色。将文化礼堂与"衢州有礼"诗画风光带建设相结合，将"衢州有礼"Logo标识植入全市700多家文化礼堂。

三、建设农村文化礼堂的经验启示

浙江省各地的文化礼堂结合各自资源禀赋与目标定位持续推进建设，成效犹如百花吐蕊，竞相绽放，"各美其美"的特色化发展格局正在显现，为后续的礼堂建设积累了宝贵经验。

1. 在整体阶段性推进中，注重标杆礼堂的持续升级

在统一部署下，浙江省各地的文化礼堂建设工作分阶段推进，在建设规模和质量水平上均有阶段性显著提升。在此过程中，主管部门特别重视选树基础条件好、创新意识强、利用效果佳的标杆礼堂，指导和支持它们持续改进，不断完善，追求卓越，形成示范效应。宁波市鄞州区邱隘镇回龙村的文化礼堂，拥有15个功能区块、月均文化活动5场、年"访问量"3万余人次、年收入16万元，是远近闻名的网红礼堂。然而，罗马不是一天建成的，回龙村的文化礼堂也是历经多年，在不断升级、拓展中建设起来的。第一年，从徐家祠堂改建成文化礼堂，开放了村情廊、村史馆和图书室；第二年，在两栋老屋中间建起了篮球场、羽毛球场。第三年，增加了说事议事室、阳光谈心室、健身房、瑜伽馆、游泳池。第四年，村里又"抠"出空间，把仓库改建成了书画室，增加了跆拳道馆和拉丁舞教室。短短数年间，从小到大，从有到优，建成了一个总面积超过6000平方米，总投资近千万元，被专家评价为"功能齐全，浙江省罕见"的五星级文化礼堂。

2. 在全局系统化推进中，注重关键要素的优先保障

系统化推进文化礼堂建设，不仅是为了更好地集成服务功能，也是

为了更好地汇聚要素资源，保证建设质量。其中，前期的建设资金和后期的运营人才尤为重要。在资金方面，省委、省政府建立了一套长效的投入机制，落实好建设和运行资金。各县（市、区）和乡镇（街道）通过设立扶持农村文化礼堂建设专项资金，整合农村各类建设项目资金，将符合公共财政支出范围的农村发展专项资金向农村文化礼堂建设倾斜。鼓励企业和社会热心人士赞助，鼓励文明单位与农村结对共建礼堂。有条件的地方，通过设立文化礼堂建设基金、"文化众筹"等方式，为管理运行提供多元资金支持。在人才保障方面，配备一名以上专（兼）职人员，负责活动的组织协调和日常管理。充分发挥农村工作指导员、大学生"村官"的作用，重视对乡土文化能人、文化活动积极分子的培养，聘请老干部、老战士、老专家、老教师、老模范，以及有一定专长的人员为志愿者，协助开展各项工作。

3. 在统一标准化推进中，注重地方标准的创新实践

为了让文化礼堂的"大门常开、活动常态、内容常新、队伍常驻"，不少地方在执行浙江省统一标准的基础上自我加压，以更高标准创新推进文化礼堂建设。近年来，建德市以"一村一品""一堂一韵"为目标，坚持高标准定位、高起点谋划、高强度投入，创新启动"两个全""四驻堂""六品堂"的"二四六"标准化建设模式，激发文化礼堂内在活力，打造乡村振兴的"文化综合体"。其中，"两个全"是指"建设全覆盖、管理全星级"；"四驻堂"是指"理事驻堂、乡贤驻堂、干部驻堂、协会驻堂"；"六品堂"是指"文体娱乐惠民堂、乡风文明育德堂、民俗文化传承堂、和谐乡村议事堂、党建理论宣讲堂、产业发展展示堂"。高标准建设的文化礼堂，不仅是村民们的精神家园，也是地方特色经济发展的"孵化器"。建德以文化礼堂为乡村振兴的"会客厅"，大力招商引资，推进"礼堂＋旅游""礼堂＋民宿""礼堂＋电商""礼堂＋文创"等模式，培育发展新型业态。如在建设胥江村文化礼堂时，吸引浙江达曼集团投

资5000万元建设"达曼云栖"精品酒店。建设幸福村文化礼堂时，吸引杭州资森集团打造了"幸福工坊"旅游综合体。

4. 在全域特色化推进中，注重个体特色的深度挖掘

文化礼堂的特色可以在多层面、多维度体现，不仅有市县级层面的区域品牌特色，也有乡镇级层面的地域文化特色，更有村级基层单个礼堂与众不同的个性特色。桐乡市高桥街道的越丰村，是"三治融合"基层社会治理新模式的发源地，其首创的"三治融合"经验做法被写入党的十九大报告，被中央政法委定位为新时代"枫桥经验"的精髓、新时代基层社会治理创新的发展方向。因此，与其他村的文化礼堂不同，该村的文化礼堂，除了作为基层综合性文化服务中心服务群众，还作为地方名片和全国首个"三治融合馆"，展示基层社会治理的经验成果。礼堂集中展示了越丰村开展"三治"建设的历程与成果，以及迭代升级"四治融合"的应用探索。现在，越丰村的文化礼堂已经成为当地面向广大群众宣传"三治融合"、爱家爱国的教育基地。

共管：从规范化走向协同创新

浙江省农村文化礼堂建设，经历了萌芽创生、提质扩面、形塑品牌、数字化推进等多个阶段，已经成为基层文化建设和管理的金名片而逐渐推向全国。其中的管理模式和经验尤其具有典型示范意义，十年来由最初的借鉴农村文化管理的通用模式，即政府的垂直管理，资源的单向配置，管理人员的两员制等逐渐形成政府主导下的多维共治、协同推进的开放式管理模式，出现了文化礼堂理事会等社会化运营模式，文化礼堂在作为村民文化娱乐场所的同时，也已逐渐发展成为村内事务协调、村民议事等多功能治理平台，较好地推动了乡村基层治理工作。近年来又随着浙江的数字化改革开始了数字化治理的转型，探索出一条具有地方特色和富有新时代特征的基层文化阵地管理新路径。

一、整体推进的管理进程

浙江省委、省政府高度重视农村文化礼堂建设，2013年3月，浙江省农村文化礼堂建设工作现场会在临安召开，并相继出台农村文化礼堂建

执笔：孙福轩，文学博士，浙大城市学院教授，主要从事古代文论与传统文化研究。

设的指导意见、计划、标准等文件，成立省市县农村文化礼堂建设工作领导小组，聚焦方向引领和制度设计，积极发挥主导作用，协同各地市、各部门统筹有序推进。十余年来，将这一源自基层的创新文化实践不断推陈出新，使之成为浙江省基层文化管理的鲜活样板。

从政策和管理的整体推进来看，农村文化礼堂建设主要经历了借鉴探索期、"建管用育"一体化推进期、数字化转型提升期三个阶段。

2013 年 3 月浙江省在临安首次召开浙江省农村文化礼堂现场会，提出要建立一套行之有效的运行机制，要保障长效投入机制、长效管理机制和完善考核评价机制。只是此时农村文化礼堂建设刚刚起步，对它的运行规律还处在摸索的阶段，管理多是借鉴农村文化建设的通用管理模式，强调规范化、制度化和激励机制的重要性。

2016 年在金华召开农村文化礼堂建设工作现场会，正式提出"建管用育"一体化建设，突出农村文化礼堂的"文化综合体"效能。要求建立一套切实可行的管理制度，要有专职管理员，要靠"自组织"来管。强调农村文化礼堂理事会制度是一种比较可行的办法。有力地推动了浙江省农村文化礼堂的理事会制度建设，成为此后农村文化礼堂社会化管理的一大重要创新。2018 年省委、省政府发布《浙江省农村文化礼堂建设实施纲要（2018—2022 年）》，提出要全面推行文化礼堂理事会制度；推行村党组织领导下村民自我组织、自我管理、自我服务、自我发展的农村文化礼堂运行管理机制；要完善文化礼堂星级管理制度和创新工作机制，探索农村文化礼堂社会评价机制，以第三方评估为主要方式的测评体系。2019 年省委宣传部、省文化和旅游厅联合制定了《农村文化礼堂管理与服务规范》标准，推动了农村文化礼堂管理的体系化建设，成为开展农村文化礼堂管理的基本要求和服务绩效评价的重要依据。

2021 年 4 月 28 日，在数字化改革的背景下，全省农村文化礼堂 2.0 版建设暨新时代文明实践中心建设工作现场会在绍兴柯桥召开。提出运用数字化技术、数字化思维、数字化认识，对农村文化礼堂统筹规划。在管理上织密"覆盖城乡、纵向到村、横向到人"的运行机制；打造浙江省统一的文化礼堂数字大脑，首创使用效能指数，以及从建设、使用、培育、传播到评价等全生命周期管理体系，突出小场景、大应用和跨层级、一体化，农村文化礼堂管理进入一个全新的数字化发展阶段，农村文化礼堂管理迈上一个新的台阶。

二、多维共治的管理实践

农村文化礼堂建设是浙江省的首创，无先例可循，无经验可依，如何做到持续化发展，成为摆在政府和群众面前的重要课题。浙江省农村文化礼堂管理从一开始就坚持政府主导大前提下的多维共治，各级党委、政府、社会团体、村民共同参与，多主体的协同持续激发出文化礼堂管理的内生活力，融合数字化手段，形成农村文化礼堂管理的行之有效的一套成熟化的实践机制。

创新理事会负责制模式。杭州、嘉兴、湖州等地2013年起积极推行农村文化礼堂理事会制度，吸纳村干部、乡贤、文化骨干、志愿者等力量，参与农村文化礼堂日常运行管理。经过前期各地农村文化礼堂的摸索，2016年浙江省提出农村文化礼堂理事会制度，此后成为各市地农村文化礼堂管理的一项重要制度。"理事会负责制"是建立在村"两委"领导下的村民的自我组织、自我管理、自我服务、自我发展的管理运行机制，理事会成员经过民主公推直选产生，包括"两委"干部、乡贤、社会团体人员、文艺队伍骨干、村民文化志愿者、党员代表等。[1]实行民主管理。一般设理事长一名，下设常务副理事长一名和副理事长若干名，按季轮值，负责农村文化礼堂的日常管理。如龙游县由理事"建堂"、理事"管堂"、理事"领堂"。理事"管堂"是在组织架构上，理事会成员分工合作、各负其责。在制度建设上，因村制宜制定"四个一"管理模式，重大事项由理事会提交村民代表大会表决。绍兴市在各地推广建立文化礼堂理事会、基金会、促进会等机构，吸纳农村"两老"、村干部、乡贤等参与日常运维。台州市黄岩区在热心群众文化和公共事业的普通村民中公推直选产生文化礼堂理事会，让更多热心人士参与到农村文化礼堂的管理中来。有些地方为推动农村文化礼堂长效发展，在理事会负责制的基础上进行法人制改造，如黄岩当地即有家文化礼堂具有法人资格。据各地农村文化礼堂的实践来看，目前理事会负责制主要有两种类型：一类是带有群众文化群众办的自治性质；一类是引入社会资本办文化，即某一知名社会团体具有重要的管理文化礼堂的权限。浙江省文化礼堂大部分采用的是第一类管理模式。文化礼堂的理事会负责制，能够充分发挥理事的功能，群众主体性鲜明突出，通过引进社会理事参与礼堂管理，有效地提升了服务效能，推动了农村文化礼堂常效化管理和常态化健康运行。

拓展社会化管理模式。浙江在全省推行文化下派员和文化专管员"两员"制度，每个行政村文化礼堂基本上都配备了1名专（兼）职管理员，负责组织协调和日常管理。但这些力量还是远远不够的，且管理模

---

[1] 如建德市下梓村在理事会成员组成上，采用了"村队会企贤"五方协作模式，"村"即村"两委"干部、党员代表和村民代表，"队"即村文艺队伍骨干、"会"即村级各类协会负责人，"企"即辖区内主要企业负责人，"贤"即下梓村的贤达人士等，充分体现了广大村民参与和村企共商共建共享的宗旨。参见叶国飞《汇智聚力　共建共享——建德市开展农村文化礼堂理事会的探索与实践》，《大众文艺》2015年第6期，第10页。

式也比较单一。为了解决这些问题，浙江省文化礼堂创造性地拓展了社会管理的多种路径，通过政策引导、资金扶持和奖励制度积极鼓励社会力量参与文化礼堂的管理工作，引入社会上成熟的管理经验，包括人员管理、资源管理、运营方式、激励措施和考核机制等各个方面。2016年浙江省文化礼堂工作会议提出要探索文化礼堂社会化工作机制，要不断适应社会组织结构和社会治理方式的变化，积极探索运用市场机制、政府购买、社会捐助等多种形式，进一步提高服务水平和效率。

比如杭州各地的"文化管家"模式，以政府购买服务的形式，引入第三方高端文化企业，依托文化企业雄厚的文化资源，向镇、村派驻专业的"文化管家"，建立专业化文化管家队伍，即是完全社会化管理的形式。嘉兴市推进的"社会化委托管理PPP"（魏中村）、

杭州市余杭区文化管家将文化"种"向"未来"

"村委＋社会委托混合管理模式"（大力村）。①温州鹿城区引入社会团队进行委托管理等，都是社会力量参与的例证。这些社会化管理模式的借鉴和运用，提升了社会参与农村文化礼堂建设和管理的热情，也进一步提高了农村文化礼堂管理的效率，推动了农村文化礼堂的快速发展。

深化群众自治模式。群众是农村文化礼堂的建设主体，是农村文化礼堂的主人，要加强组织引导，切实增强农民群众的主人翁意识。要让群众参与到文化礼堂的日常管理中来。把文化礼堂的事变成群众"自己

---

① 肖建、邢磊：《嘉兴市农村文化礼堂管理模式典型案例研究》，《经济研究导刊》2021年第25期，第22—24页。

的事"，切实让群众创造、让群众表现，文化礼堂才能真正动起来、用起来、火起来。①农村文化礼堂建设以来，各地都建立起村民管理议事制度，规范礼堂的建设和日常运营。建立了大量的志愿者队伍，负责文化礼堂的日常管理。如杭州、嘉兴、湖州、绍兴、台州等地不少地方的村级文化礼堂积极吸纳村干部、新乡贤、文化骨干、志愿者等力量，参与农村文化礼堂的日常运行。通过科学决策、协商管理等形式解决文化礼堂管理中的具体问题，群众把文化礼堂当成自己的家，有效地提升了服务效能。比如嘉兴市农村文化礼堂推出"每人一把钥匙"村民自主管理模式（桃园村），不仅方便了文体团队日常活动，而且提高了文化设施场地的使用率，激发了村民自觉参与文化建设、实现自我管理的热情。

构建数字化情境管理新模式。2019 年全省文化礼堂现场会提出要创新文化礼堂日常管理手段，建设智慧化礼堂管理系统，运用数据传输提供全方位信息沟通、资源对接、日常管理与服务保障，形成覆盖全过程、全链条的管理格局。2020 年提出管理手段的智慧智能，推进互联网技术在文化礼堂管理中的应用，提高文化礼堂数字化、智慧化、智能化水平。2021 年农村文化礼堂开始正式进入数字化 2.0 版，文化礼堂管理采用数字化手段和数字驾驶舱场景化呈现，推动农村文化礼堂管理从"事"向"制度""治理""智慧"的转变，加快了基层文化整体智治的实现。

三、融合发展的管理启示

夯实共管主体责任，形成规范管理的有效机制。文化礼堂建设是极

---

① 《农村文化礼堂：浙江乡村文化精神新地标》，调研组成员：严红枫、沈耀峰、陆健、纪博、张锐、陈毛应，《光明日报》2018 年 4 月 27 日。

其重要的基层文化工程，需要省委、省政府从制度层面上制定统一的管理规范，从而有效保证农村文化礼堂的建设和运营。同时给予各地较为充分的自主权。各市、县（市、区）按照省委、省政府的统一安排和部署，可以结合地方文化特色和发展重点、推进节奏，进一步细化管理制度和方案。充分注重发挥乡镇（街道）综合文化站服务功能，形成省市县乡四级农村文化礼堂建设领导机制和推进文化礼堂管理的政府主导型体系化模式。同时注重多部门、多单位的协同管理。省委宣传部联合各部门制订各类行动计划，形成各部门协同，共建共管的工作机制。省卫生健康委、省教育厅、省体育局积极促进各类活动进农村文化礼堂。如省卫生健康委的健康讲座、健康服务、健康礼包、健康活动、中医药讲座，省教育厅的社区教育（包括新型职业农民培训、青少年校外教育、老年教育、家庭教育等），省体育局的体育设施、体育组织、体育赛事、健身指导等进文化礼堂活动。各部门在送文化、送项目、送服务的同时，还通过下发专门文件和通知，确立评价和激励措施。这些制度对于农村文化礼堂的管理起到了重要补充作用，丰富了农村文化礼堂的管理主体，保证了农村文化礼堂的长期有效运行。

衢州市衢江区东岳文化礼堂"中医药素养进文化礼堂"活动

融合创新共管模式，形成社会化多维共治格局。浙江省农村文化礼堂从一开始就坚持政府主导、社会参与、乡村为主、农民共建共管共享。主动吸引社会力量参与农村文化礼堂管理，形成社会化多维共治格局，可以激发社会各种力量的参与热情，形成为你、为我、为大家的共建共管共享的生动场面。各种层级的社会化主体主动地参与农村文化礼堂的制度设计和活动管理中来，把自己的管理经验融入农村文化礼堂的管理实践，通过民主协调，结合地方文化和实际形成多维、有序的自治管理模式，不断衍生出制度的创新活力，提升乡村文化治理的水平，使农村文化礼堂保持长久的制度生命力。

深化数字化改革，构建从传统到智慧的管理模式突破。浙江省农村文化礼堂管理从开始的借鉴乡村文化管理的普通模式，到各地的"礼堂家"、手机App等智能化运用，到目前的数字化2.0版本，形成"荐礼堂、用礼堂、管礼堂、评礼堂"四大场景和全链闭环的礼堂服务治理生态。其主要突破一是内容管理的精准对接，以前的手机App、地方文化礼堂家等平台，面对的往往是一个地方的内容池，数字2.0版是浙江省统一的文化礼堂数字大脑，打通的是农村文化服务精准供给渠道，可以推动文化服务由"大水漫灌"转化为"精准滴灌"，极大提升管理的针对性和个性化水平。二是效能指数的实时评价，过去的评价指标多注重标准化和规范性，往往偏重于静态化，并不能时时反映农村文化礼堂的即时性和当下性。文化礼堂数字大脑建立起实时动态的使用效能指数，打造出"管礼堂"场景，实现"实时抓取"，形成五级效能指数评价体系，全面提高了对服务项目效果评估管理能力。三是服务管理的反馈机制，相对于以前的阶段性评价和反馈的延时性，全链闭环的礼堂治理服务生态打造出"评礼堂"场景，可以即时呈现对管理服务的评价，并根据群众对礼堂管理服务的评价生成评价因子，以便管理者对活动组织和视觉管理作出及时调整。打通"点单—派单—评单"闭环管理机制，强化礼堂服务双向反馈，将群众评价作为服务质量判定标准，形成政府服务项目全新绩效模式。

　　浙江省农村文化礼堂管理，作为基层乡村文化治理的一种全新的尝试和实践，是以文化共建共享为导向，兼容制度标准和地方差异，注重思想资源、文化资源和社会资源、制度资源平衡的协同治理体系。其对管理制度的创新，是共享中实现共治，是从规则治理、文化治理走向价值治理①，从而形成一种崭新的基层文化管理模式，对全国其他省市的基层文化建设具有启示意义和借鉴价值。

---

① 张金凤、李勇华：《从规则治理、文化治理走向价值治理——以农村文化礼堂建设为例》，《东南学术》2018年第1期，第82—89页。

共享：从公共空间到美好生活

在"物质富裕精神富有"的发展战略中，浙江把更多地关注农村文化建设、关心农民精神富有作为推进浙江高质量发展建设共同富裕示范区的一个重要命题。2013年以来，浙江积极探索和推进农村文化礼堂惠民工程，致力于将其打造成融礼堂、讲堂、文体活动空间于一体的村级文化阵地。十年来，农村文化礼堂通过"建管用育"，已经从一个空间的改造和建设逐步发展为乡村美好生活的营造，在乡村振兴、共同富裕的道路上迈出了坚实的步子。

一、以政府为主导，推进公共空间效能提升的有力实践

农村文化礼堂通过多跨协同农业农村、文化旅游等各部门，形成推动农村文化礼堂建设的强大合力，促进了礼堂资源的多元集聚和共享。文化礼堂的使用既综合反映了政府的决策能力、基层的执行能力以及当地经济社会的综合实力，更展现了浙江广大农村旺盛的生命力和基层老百姓创新的活力。

执笔：刘秀峰，浙江艺术职业学院文学教授，主要从事公共文化服务、非物质文化遗产保护与传承研究。

1. 聚焦大门常开，压实村级组织主体责任

"大门天天开、活动天天有、百姓天天乐"是当下浙江农村文化礼堂的生动写照。各地在推进礼堂使用效能提升的实践中，逐步形成县、乡、村三级职责明晰的工作责任体系，确保了农村文化礼堂各项工作常态长效开展。

一是县域范围内，以县委宣传部牵头，各部门发挥自身长处，利用文化礼堂综合体中的各个载体从不同角度丰富文化礼堂的精神内核，形成全域联动，在实际建设中注重提升领导干部的引导意识和服务意识，以文化礼堂为平台形成基层人员走上来，领导干部走下去的长效机制。

二是运行管理主体责任明晰。村负责人作为文化礼堂的直接责任人，积极组织参与文化礼堂的活动策划、节目排练和团队培育等工作。通过政府购买公益服务岗位、派驻管理员、大学生村官兼任等多种方式确保每个礼堂有专人管理，村民一人一把钥匙，人人都是礼堂的主人，保证了礼堂门常开、人常来、活动常有。

三是理事会制度行之有效。推行村党组织领导下村民自我组织、自我管理、自我服务、自我发展的运行管理机制，建立理事会，吸纳村干部、新乡贤、文化骨干、创业成功人士等参与礼堂运行管理。

2. 聚焦活动常态，构建多元供给体系

礼堂文化的多元供给融入了百姓的生活日常，为礼堂注入了新活力，激发了乡村文明实践的生命力。

一是顶层设计突出社会主义核心价值观的价值引领和涵育，制订《浙江省农村文化礼堂操作手册》，以道德教化、文化传承、礼仪传习、知识传播、文明涵育、行为养成为重点，坚持量质并举。鼓励各地创设"新青年下乡""夕阳红驿站""放学来吧""微心愿认领""礼堂有约"等载体，积极开展儿童关爱、技能培训、法律援助、健身养生、文明出行、志愿服务等公益活动。

二是着眼于社区生活全方位，建立服务"大菜单"制度。整合公共文化资源，完善省、市、县三级菜单服务体系，建立涵盖文艺、宣讲、法治、科技、教育、卫生、体育等领域内容的"大菜单"制度。

三是通过常态化长效机制开展主题教育年、礼堂日、"礼堂有礼"活动，建立一种多元意义的"堂"，以礼蕴"堂"，把乡村文化精髓、传统核心价值、时代文明风尚等融入日常，把礼堂建成乡村生命共同体。

3. 聚焦内容常新，推进准对接、微改造、大迭代

农村文化礼堂的活力在于念民之所需，行民之所盼，服务内容不断充实更新，服务软硬件微改造，服务水平精提升，礼堂建设不断迭代升级。

一是推进礼堂数字改造，建设数字大屏、共享舞台、智能信息抓取设备，拓展有声阅读、互动体验等智能设备建设，逐步提升硬件服务水平。同时，搭建数字服务平台，整合资源，集成内容，打造智慧场景，通过平台大数据即时了解群众所需，精准提供资讯，及时输送服务。同时，建立公共文化服务产品反馈评价机制，实现文化惠民与群众需求有效对接。

二是鼓励引导机关、高校、企事业单位、社会力量等结对礼堂，落实农村思政教育，推进精神文明建设，提供优质文化服务，实现礼堂共建、资源共享、功能互补。

4. 聚焦队伍常驻，探索人才孵化路径

乡村振兴，人才是关键。文化礼堂建设，着力培养管理员、专业人才、志愿者和指导员队伍。

一是实施"礼堂带头人"培养计划。每年举办文艺骨干培训班、创意策划培训班等线上线下培训活动，打造文化礼堂赋能引领人才库，省级层面每年培育百名"礼堂带头人"。

二是探索实施"文化管家""文艺村长""文化伙伴""文化村长"等

管理模式，培养乡村文化多面手，激发乡村文化内生力。

三是借力壮大志愿者队伍和指导员队伍。构建志愿服务供需平台，鼓励专业文化工作者、文化名人、高校学生、大学生村官、乡村教师等加入志愿者队伍；深化"双万结对""双百结对"，推动党政机关、文艺院团、学校、企业、文明单位结对礼堂志愿服务。引贤纳才，选拔文艺、研究、规划、设计等专业人才，建立省、市、县、乡四级指导员队伍。

二、以群众为主体，共创精神富足的美好生活

农村文化礼堂使用以来，赌博、酗酒的人少了，学习、健身的人多了，从牌桌到课桌，离酒场进球场，出灶台上舞台，更多的村民开始追求健康的生活方式，陶冶情操，转变观念，净化思想，走出小家，建设大"家"，共同营造美好家园。

1. 从牌桌到课桌，在红色教育中涵养家国情怀

礼堂充分发挥了红色堡垒的积极作用，旗帜鲜明地推进了基层意识形态建设，逐渐成为有社会影响力、吸引力、凝聚力、号召力的"红色阵地"，彰显了社会主义先进文化在广大农村的价值引领。

一是农民宣讲日益寻常。农民自家门口的"红色学堂"紧紧围绕习近平新时代中国特色社会主义思想，深入开展党史学习教育等学习教育活动，弘扬伟大建党精神，让党和政府的声音在讲故事、拉家常中"飞入寻常百姓家"，"飞入青年心坎里"，推动党的创新理论入心入脑、落地生根。比如宁波的"民星宣讲"团、湖州的"小红砖"、嘉兴的"李家播报"、绍兴的"板凳课堂"、舟山的"海上讲堂"以及遍及广大乡村社区的"云宣讲""青年宣讲"等一批接地气、形式新的品牌活动纷纷涌现。

二是红色资源日见活化。红色文化是中国共产党领导人民在革命、建设、改革进程中创造的以中国化马克思主义为核心的先进文化。广大村民自觉挖掘、保护利用当地红色资源，将红色文化融入礼堂，通过宣讲、研学、乡村旅游等各种形式，讲好红色故事，传递红色薪火，赓续红色血脉，在红色传统的自我教育常态化中铸牢国家意识、增进爱国情感，深刻理解马克思主义为什么"行"、中国共产党为什么"能"、中国特色社会主义为什么"好"。比如金华汤溪镇越溪白鹤村，不断挖掘红色资源，依托文化礼堂打造红色教育基地，开展研学游活动。

三是斗争本领日渐增强。广大村民在阵地建设中自觉接受思想引领，提高斗争本领，主动传播文明健康理念，积极组织文化活动，努力筑牢基层意识形态风险的防线，防止敌对势力利用地方"三宗"（宗教、宗派、宗族）影响力进行意识形态渗透，杜绝了西方价值观和西方政治观点的入侵。

2. 从酒场到球场，在公序良俗中构建文明新风尚

"精神家园"是农村文化礼堂的基本定位，这种"精神"是扎根于传统，继往开来，充满时代活力的；这个"家园"担负起构建富有凝聚力、向心力和归属感的农村生命共同体的重任，筑起了新时代浙江农村的精神文明高地。

一是核心价值观成为乡村共同追求。"核心价值观"是一个民族赖以维系的精神纽带，是一个国家共同的思想道德基础。乡村社会能否强基固本、凝魂聚气，其核心价值导向是关键。大众化和生活化是社会主义核心价值观的意义旨归。在浙江广大农村，老百姓依托文化礼堂三廊五馆，自觉创设载体，逐步形成求真、趋善、臻美的风尚。比如衢州市创设"放学来吧"推动农村文化礼堂为农村教育第二课堂、留守儿童管护中心、优秀传统文化传承基地，惠及学生20余万人。瑞安市评选民间道德奖近700项，有几万人受益。各地广泛开展家规家训展示、家风乡风建

设等活动，大力弘扬"最美"风尚，"最美"现象次第上演，"最美"品牌深入人心，"孝媳妇""好婆婆""美德少年""慈孝之星"……乡村平民英雄、凡人善举竞相涌现，文化礼堂切实把社会主义核心价值观贯穿于生活的方方面面，使其逐步内化为精神追求，外化为自觉行

永康市西溪镇棠溪村文化礼堂为
长寿老人拍照

动，整体呈现了浙江乡村的现代文明与良风美俗。

二是礼仪新风重建现代乡村秩序。任何社会秩序，都是文化秩序。内生于乡村社会的乡村文化，通过三重内涵展开，以生态智慧建设着美好家园的生活秩序；以道德交往维系着心灵家园的精神秩序；以约定俗成的非制度性规范形成自觉秩序。传统乡村社会礼仪繁杂，有贯穿一生的人生礼仪（诞辰、满月、抓周、开蒙、结婚、丧葬等）、四季三餐的时节仪式（二十四节气、传统节日等），以及民俗、民间信仰的相关礼仪。文化礼堂作为乡村礼仪的重要空间，具有强大的精神场域功能，老百姓在礼仪的活动设计和观礼中，在"我们的节日"中受到了感染、得到了教育。浙江结合地方特色和农民需求，在文化礼堂里举办形式多样的礼仪活动，比如春节祈福迎新礼、

湖州市南浔区民当村端午民俗活动：
裹粽子

云和县浮云街道局村村文化礼堂开展闹元宵活动

清明祭祖礼、端午赐福礼、重阳敬老礼、崇德礼、耕读礼、新生儿周岁礼、七岁开蒙礼、新兵入伍"壮行"礼等。各地也创新开展很多礼仪活动，比如杭州市文化礼堂的"十佳礼仪"认定活动、衢州市文化礼堂的"衢州有礼"等，这些活动深融礼堂，在继承优秀传统文化的基础上，赋予乡村礼仪更多时代内涵，强化了乡村文化共同体的意义秩序。

3. 从灶台到舞台，在文化传承创新中重塑乡村新魅力

农村文化礼堂是传统文化的传承地，逐步成为乡村文化的孵化地，也是城乡共同富裕进程中的文化共享地，彰显了浙江新农村建设的时代魅力。

一方面礼堂日益成为乡愁"会客厅"和新时代文化创新地。农村文化礼堂深入挖掘、整理村庄历史文化资源、非物质文化遗产，通过展览展示、抢修抢救、传承人培育等方式，让物质的、活态的乡土文化传下去。同时，又不乏创造性转化和创新性发展，促进社会主义文化、传统文化与现代文化的有机融合，广泛开展村晚、村歌、村舞、村运、村艺等系列文化品牌活动；引导党政机关、企事业单位、文艺院团、文明单

2021年浙江省农村文化礼堂运动会

位、公益组织、广大专业文化工作者、党员干部、高校师生、最美人物纷纷进礼堂送服务、建队伍、育项目。比如温州的"六支队伍"深耕礼堂"五大内容"，丽水的村晚联盟造就了民星大舞台等。文化礼堂顺应了新时代农民群众对基层文化建设的需求和期待，成为打通公共文化服务"最后一公里"的农村站点，成为农村文化综合体和城乡文化交融共享地。

另一方面，双创融合的乡村文旅中心依托礼堂孕育而生。各地做足"文化礼堂＋"文章，催生文化经济，将农村文化礼堂与文化产业、乡村旅游、村淘平台相结合，推出具有本土特色的旅游文化品牌和文创项目，激发乡村文化活力，助力乡村旅游发展，提升了礼堂发展内生动力。同时，促进了城乡的互动与交融，吸引了人才、资金等各种社会资源助推乡村振兴，譬如，杭州资森集团在协助幸福村文化礼堂建设的同时打造了"幸福工坊"旅游综合体；金华的"礼堂＋旅游"模式，赋予了礼堂文旅功能，积极带动了"游诸旅游线""兰芝风情线""兰江水上线""梅溪流域线"等线路的旅游效应等。

国际友人在宁波市海曙区古林镇前虞村文化礼堂过中国年

4. 从小家到大家，在"四治融合"中开创生活新天地

乡村既是因毗邻而居自然形成的社区，又是彼此间形成的生命共同体。其中的生命共同关系是文化礼堂作为精神家园和日常生活空间存在的前提。浙江广大农村自觉把完善村规民约作为突破口，推进法治、德治、自治和智治"四治融合"，促进农村治理体系和治理能力现代化，探索符合农村基层特点和规律的社会治理的新路子。

一是礼堂涵育了良好的德治格局。崇德向善，明德惟馨。浙江广大农村已经形成追求讲道德、尊道德、守道德的礼堂文化，形成向上向善的力量，推动基层治理行稳致远。依托农村文化礼堂，发挥道德模范、身边好人、最美人物等先进典型引领作用，形成安适和谐、互助互惠的良好风气。共同的价值核心和伦理性社会舆论构建了一种自下而上、自然形成的维护人们基本需要的道德秩序，父慈子孝、兄友弟恭、夫唱妇随、安居乐业，和谐与安定成为日常生活世界人伦关系原理的最高境界。因为来自民间，所以它总能够以不同的形态继续存活在普通农民中间，发挥出规范行为的作用，维护着乡村的基本秩序和社会稳定。

二是礼堂营造了民主自治的核心空间。农村文化礼堂广泛开展心理咨询、访贫问苦、帮难解困等活动，调解家庭纠纷、邻里矛盾，引导组织村民经常性参与讨论重大事项、监督村务公开阳光运行、参加村级组织换届选举等，培育农民主人翁意识，提升乡村自治能力。比如嵊州市城南新区桥里村利用文化礼堂建成"管家驿站"，通过网格化管理、建设智慧消防等举措，化解了上百家企业外来人口集聚带来的社会治安综合治理的难点和痛点。文化礼堂打通了基层党组织服务群众的"最后一公里"，村"两委"通过参与文化礼堂各项活动，密切了干群关系，为基层社会治理提供了重要途径。

三是礼堂助推了"智治"赋能乡村振兴。在互联网、大数据蓬勃发展的背景下，构建"礼堂家"智慧服务应用，采用数字化手段，探索乡村治理数字化发展之路，各地也依托文化礼堂做出有益探索，一些地方在探索乡村治理数字化方面迈出了稳健的步子。比如温州乐清利用大数据平台积极打造浙江省首个文化礼堂数字共享圈，实现乐清礼堂数据网络全覆盖，探索构建全局一屏掌控、指令一键智达、执行一贯到底、服务一网即办、监督一览无余的数字化协同工作场景，科学分析大众诉求，精准服务。

十年实践表明，农村文化礼堂既是面向农民群众，弘扬主流价值、宣讲理论政策的基层红色阵地，更是老百姓展示自我、延续传统、创新文化的精神家园和生活大舞台。

三、以经验而累积，开创民生优享的社会发展新局面

凡事只要长在民间，有普通老百姓的调养和呵护，总能保持生命力顽强的状态。农村文化礼堂给社会呈现了历史在当下的诸多意义；展示

了老百姓对美好生活的诸多憧憬；丰富了乡村振兴和共同富裕的诸多内涵。

1. 以群众为主体，方能行稳致远健康发展

一切为民者，则民向往之。农村文化礼堂为群众而建，因群众而兴，充分发挥公共文化服务体系建设在文化空间中的拓展作用，始终以群众共建共享为鲜明的指向性，掌握群众所思所想、所乐所盼，在群众意愿中把握工作重点，在群众期盼中权衡利弊，作决策尊重民智，办实事倾听民意，这是它获得健康持续发展，群众享受持久、丰富、有效的精神生活的根本原因。

2. 以差异化为路径，方能形成特色多元的文化服务体系

文化礼堂是乡村的精神地标，是对乡村文明、文化空间的再造的推动。一村一品，一乡一貌才能满足人民群众对公共文化产品以及公共文化服务多样化、多层次的需求。另一方面，打破体制界限，整合社会资源，推动融合创新，才能形成有特色的、开放多元的公共文化服务供给体系，以及应用场景更加丰富多样的新型公共文化空间。

3. 以审美为需求，方能实现精神的真正富足

文化礼堂所有用材、色彩都来自这块土地，它融入山水，融入每一个农民的生活，是乡村诗意栖居的地标。只有把美融入公共文化生活，以可感的文化空间的形塑力量参与乡村精神风貌的成长，才能提高生活品质；只有以人民群众共同参与和认同的文化范式，才能打造有情感、有温度的审美化的公共文化空间，才能构建社会美育、全民美育的"大美育"格局，涵养人民群众的人文情怀，为人民美好生活赋能，提升人民精神的满足感和对生活的幸福感，不断实现人民群众对美好生活的向往。

4. 以创新为动力，方能满足人民对美好生活的向往

创新是发展的不竭动力，变革时代，唯创新者进，唯创新者胜。公共文化服务不仅要在内容上应群众所需、时代之变而创新，也要在手段上创新，深度融合多媒体资源，借助数字化、网络化和智能化的大趋势和自媒体等新型媒介的便捷优势，采取线上线下相结合的多业态融合方式，将服务融入移动互联化的日常，才能实现优秀文化成果同屏共享，从而构建开放共享的数字化、智能化公共文化服务体系，推进文化公共性的普及。

面向未来，在中国特色社会主义共同富裕先行和省域现代化先行的高质量发展中，如何推进全域文化繁荣全面精神富有，如何开创民生优享的社会发展新局面，是浙江农村文化礼堂面临新的机遇和挑战！

共育：从文化礼堂到礼堂文化

　　浙江省农村文化礼堂，作为基层的思想文化阵地，在创建之初就提出了"文化礼堂　精神家园"的培育目标，经过近十年的建设，已成为具有浙江辨识度的精神文化领域的"金字招牌"。在省委、省政府的顶层设计和严密部署下，在"建管用"的合力作用下，浙江省农村文化礼堂已经在农村的社会主义核心价值体系和农民的高品质精神文化生活等方面"培育"出了累累硕果。

一、礼堂文化的培育目标

　　作为议事、集会、举行仪式的公共空间，农村文化礼堂具有悠久的历史渊源。在新中国成立之前，遍布乡村的是作为家族象征的宗祠或祠堂，它们通过祭祀祖先、宣讲礼法、编修家谱等形式，培育出中国乡土社会中独特的血亲文化；随着新民主主义革命的开始，大会堂开始成为中国农民推行民主政治的公共场所，孕育了以公有制和集体制为制度表现的农村政治文化；在社会主义新农村的快速发展下，这些公共场所已

执笔：江根源，传播学博士，温州商学院教授，主要从事城市传播与传统文化的现代传承研究。

经无法承载新时期农民对精神生活的渴求，也无法满足党与政府对农村和农民精神文明建设的时代要求，尤其是党的十八大之后，浙江省第十三次党代会明确提出"建设物质富裕精神富有的现代化浙江"，因此建设集思想道德教育等多种功能于一体的文化礼堂，培育具有浙江农村特征的礼堂文化，成为在浙江农村精神文明领域践行社会主义核心价值观的重要形式。

农村文化礼堂始终坚持"精神家园"的目标定位，2013年农村文化礼堂现场会指出文化礼堂是"实现精神富有，打造精神家园"的重要载体，是建设"文化强省"的重要基石，是"巩固农村思想文化阵地的重要保障"。此后，"提升农民素质，打造精神家园，繁荣农村文化，促进农村和谐"①成为文化礼堂建设的重要内容。

2017年，农村文化礼堂现场会在嘉兴召开，培育目标和内涵得到提升，指出文化礼堂外在呈现的就是一个农村文化综合体，内在孕育的则是一个实实在在的精神家园；2018年，浙江省农村文化礼堂的功能定位进一步提升，不仅增加了"新时代基层宣传思想文化工作阵地"的新内涵，更是把培育内容细化为家国情怀、法治意识、"最美"风尚、文明乡风、乡贤文化等几个方面；到了2021年，绍兴柯桥现场会提出要把农村文化礼堂打造成"具有浙江辨识度的'重要窗口'建设成果，成为助推高质量发展建设共同富裕示范区的实践范例，成为实现与社会主义现代化先行省相适应的人的现代化的基础平台"，从而使文化礼堂从"物理空间"升华为广大农村的"精神文化空间"、农村居民的"生命空间"，进一步提升了培育目标。

---

① 省委办公厅、省政府办公厅《关于推进农村文化礼堂建设的意见》，浙委办发〔2013〕37号。

二、礼堂文化培育的举措和成效

谈到"礼堂文化"的培育，就必须包括培育什么（内容），如何培育（举措）和怎么样（成效）等几个问题。在浙江省农村文化礼堂的建设实践中，更多的是指利用文化长廊、文化讲堂和文化礼堂等基础设施，进行思想引导、道德教化、礼仪培养和文化熏陶。由此看来，礼堂文化的培育内涵，更多的是红色文化、社会主义核心价值观和优秀乡土文化的融合，具体可以细化为以下几个方面：

1. 培育红色文化，提升爱国爱党爱社会主义的政治情怀

浙江省依托各级农村文化礼堂，加强新时代中国特色社会主义、中国梦、时事政策和红船精神、浙江精神的宣传教育，通过升国旗、上党课、办展览，开展"不忘初心、牢记使命"主题教育和党史学习教育等多种形式的活动，强化农民群众的爱国爱党爱社会主义的政治情怀。

为此，浙江农村文化礼堂创建了一系列"礼堂＋红色文化"的文化宣讲品牌。宁波慈溪的"礼堂＋幸福巴士"，把推动习近平新时代中国特色社会主义思想"飞入寻常百姓家"作为工作目标，按主题将大型客运汽车布置成"幸福巴士"，把"红色课堂""文化课堂"送到学校、企业、村（社区）新时代文明实践站，形成了"常态＋集中""展示＋体验""参与＋服务""线上＋线下"的特色[①]；嘉兴海宁李家村的"礼堂＋李家播报"，聚焦打通宣传教育群众、关心服务村民的"最后一公里"。村干部用方言向村民播报村情村事、时政要闻和政策精神，实现了"把

---

① 《浙江省慈溪市"幸福巴士"传播思想凝聚共识》，中国文明网2020年9月5日。

万家礼堂千家基地升国旗唱国歌

新闻播报开到村里，把新思想讲进百姓心里，把矛盾化解在沟通里"①。一种积极高尚的政治情怀就以群众喜闻乐见的方式融入了百姓的日常生活中，起到了润物细无声的良好效果。

2. 创新乡土文化，留住"乡土记忆"

乡土文化的核心是中国人的"根"意识，是"乡愁"，是"乡土记忆"。浙江历来有"七山一水二分田"的俗称，封闭的地理环境和悠久的历史传统造就了浙江独特的乡土文化。宁波慈溪市石人山村，是全国越窑青瓷文化的发源地，文化礼堂中的"农耕馆"有石棉车、织布机、风车、水车，不仅留住了老一辈的生活记忆，更记录着农耕时代的文明时光；再如金华兰溪市的垾坦古村，至今已有1200余年历史，明代古塔、古堂楼、古宗祠、古民居等建筑符号，展现着古村落的文化积淀。各种形态的乡土符号、观念、仪式和故事，无不传递着乡土文化的绵绵悠长和农业文明的光辉灿烂。

---

① 《海宁"土"广播　村民都爱听：把新闻播报开到村里，把新思想讲进百姓心里》，《浙江日报》2020年3月21日。

"乡贤文化"是乡土文化的人格化形态。各文化礼堂通过设置乡贤榜，不仅宣传先贤故事，更宣传当代农村优秀基层干部、道德模范、优秀学子、贤达人士等时代新乡贤。湖州德清县白彪村的农村文化礼堂，重点展示了该村历史上12位进士的"白彪历代进士录"；富阳场口上村是曹操后裔聚居地，曹氏宗祠也是全国曹氏后裔中保存最完好的。复旦大学李辉教授特意把人类生命科学教学基地落户上村文化礼堂，富春乡村私塾文化博物馆收藏有浙大城市学院叶加申教授的500余件明代以来的私塾、民俗展品。这些乡贤的义举和故事，激发了农民群众见贤思齐、崇德向善的精神追求。

3. 打造文化品牌，增强礼堂文化的文化软实力

特色和社会影响力是文化软实力的核心要素，唯有打造一系列具有高度浙江辨识度的农村文化品牌，才能真正构建礼堂文化的文化软实力，打响在全国的品牌影响力。文艺品牌"我们的村晚""我们的村歌"、主题节日品牌"我们的节日"、乡风乡俗品牌"文化礼堂　我的

2020年1月在杭州市临安区举办"我们的村晚"活动

家"、运动品牌"我们的村运"等"我们的"系列，已经成为走向全国的拳头产品。

以文艺品牌"我们的村晚"为例，它依托农村文化礼堂这一草根舞台，以农民为中心，提倡"农民导、农民演、演农民、农民看"，坚持思想性、文化性和群众性相统一；文艺样式有舞蹈、村歌、小品、武术、戏曲等，为农村人喜闻乐见；演出节目多取材于乡村的大事小情、村民的日常生活、百姓的美好愿望。"我们的村晚"最大特色就是"年味""乡土味""文化味"和"时代味"，尤其是展现"原汁原味原生态"的"乡土味"，更是"我们的村晚"的灵魂。在2018年修订的《文化礼堂操作手册》中提出了22个礼仪活动，既包括春节、中秋节、重阳节、端午节等中国传统节日，还包括建军节、劳动节、国庆节、国家宪法日等现代节日，同时还包括拜师礼、拜寿礼、开渔壮行礼等地方习俗礼仪；"文化礼堂　我的家"属于乡风乡俗类的文化品牌，包括家风家训评比活动、好家风活动等文化活动；"我们的村歌""我们的村运"，同"我们的村晚"一样，"乡土味"是它们的生命力所在。

"礼堂＋旅游"文化品牌，是"我们的"延伸品牌，它们以历史文化资源为品牌内涵，以文化礼堂为传播平台，以旅游节为品牌形象或形态。余杭区普宁村地处世界非物质文化遗产——京杭大运河的南端，拥有1000余年前被明英宗赐予"大普宁禅寺"金匾的普宁寺，同时还有神奇的普宁牡丹，据传由明朝民族英雄于谦手植，历时500余年。普宁村依托文化礼堂整合运河和牡丹的文化资源，至今已经举办牡丹花会17届；金华市浦江县新光村是一个具有近300年历史的古村落，村里的灵岩古庄园始建于1738年，被誉为"江南乔家大院"。新光村文化礼堂成功创办创客基地、文创园，成为"活着的古村"，被国家旅游局评为"中国乡村旅游创客示范基地"；再如富阳黄公望村，不仅拥有富春江沿岸的奇山异水，更有黄公望隐居地与《富春山居图》这样的文化遗产，"礼堂＋旅游"品牌融合了富春山居、先贤文化和乡土文化的品位和格调，是"礼堂＋书画＋山水"模式中的佼佼者。

4. 重构礼仪和家规家训，营造农村新风尚

在传统的"孝""礼"和家规家训中融入时代内涵，培育和践行社会主义核心价值观，是农村文化礼堂培育社会主义农村新风尚的核心内容。

以"孝"为内核，浙江农村文化礼堂推出了"最美"系列评议评选活动，包括道德模范、最美家庭、最美婆媳、最美邻里、身边好人等系列，设置了"善行义举榜""最美人物榜""道德榜"等，引导群众学习"最美"，争取"最美"，推动"最美"风尚，形成向善向美的价值认同，让"最美精神"在农村落地生根。比如嘉兴平阳的冯宅把"敬宗睦邻"当作祖训，围绕"传承孝悌、祥和冯宅"主题来打造文化礼堂，开辟了孝文化廊、大榕树讲坛、村民礼堂、弟子规学校等区块，营造出一种尊老爱幼、情暖家庭、幸福村庄的和谐氛围。

"礼"，是"借助物质化的载体形成一套社会典章制度和道德规范"。开展春节祈福迎新、重阳敬老、儿童开蒙、文明婚礼、村干部就职、新兵入伍壮行等各种礼节礼仪活动，是农村文化礼堂的常规活动，也是礼堂文化的重要内容。在仙居县横溪镇大林村文化礼堂，每年都会有一场学童启蒙礼仪，开蒙仪式分为六个环节：正衣冠—行拜师礼—朱砂启智—师长赠礼—开笔破蒙—朗读经典。农村文化礼堂成为新时代文明的传习地。

家规是家庭制定的行为标准，家训是家长对家庭成员及其后代子孙进行教育的道德准则。践行家规家训，通过"教化"和"约束"，使之成为家族成员做人做事的道德标准。浙江农村文化礼堂通过"晒"优良家规家训，开展"立家规传家训"和"好家风家庭"褒奖礼仪活动，让村民潜移默化地感知、认同、领悟和践行，让好家风、好家训代代相传。

比如浙江临安"钱"姓家族世界知名，"心术不可得罪于天地，言行皆当无愧于圣贤"的钱氏家训被称为中华第一家训。临安利用这一优质的人文资源，在全市开展"好家风"家庭评选活动，以"家风"带"乡风"、促"作风"、建"新风"，着力形成"家家有家训、户户好家风"的良好氛围。

5. 从"送人才"到"种人才"，保育礼堂文化的持久活力

文化内容的自我供血机制和造血能力，对于农村文化礼堂可持续发展尤为重要，也是保证礼堂文化持久鲜活的根本保障。浙江坚持"送人才""种人才"相结合的方式来强化人才队伍建设。

在"送人才"上，宁波北仑区积极探索"乡贤驻堂"制度，金华建立大学生志愿者与文化礼堂结对制度，衢州以"流动文化加油站"为载体让文化人才从城市"高地"流向农村"洼地"等；但是，"送"显然是不够的，关键是要"种人才"，就是要培育一支爱农村、懂文化、有专长、留得下的乡土文化队伍。浙江通过"教、学、帮、带"等培训形式培育人才，通过专业团体和文化名人与基层群众文化团队和文化能人结对走亲的形式交流人才，通过提供舞台展示展演选拔人才。比如浙江省农村文化礼堂"村晚"文艺骨干培训班从2018年开始，迄今已经举办十余期；各地市县也开展了各种基层文化文艺人才培训项目，例如海盐县开展传统技艺非遗项目进文化礼堂专题培训活动，海宁市举办农村文化礼堂文化管理员业务知识培训班等。

依靠以赛代练，加大培育力度，文化走亲和文化比赛更接近地气。"文化走亲"，以"文"为媒，以"走"为要，以"亲"为旨，努力构建"相熟、相助、相融、相亲"的群众文化交流格局；"文化比赛"是另一种培养文艺人才、文化礼堂管理员的途径。浙江省农村文化礼堂优秀文艺作品展演活动每年都举办，2017年文艺比赛汇聚了52个优秀作品，参与的农民演员有400多名，他们把声乐、器乐、戏剧曲艺和舞蹈四大类

"草根"文化搬上文艺大舞台。"以赛代练"形式极大地锻炼和提升了文艺人才的水准。

经过近十年的建设，浙江省农村文化礼堂已经建成一支以农民为主、志愿者为辅的文艺队伍。台州市农村文化礼堂，形成了由村级文化带头人、群众业余文艺团队和草根艺术创作队伍构成的文化礼堂文艺队伍，同时涌现了台州市文化馆"专家讲师团"、黄岩区"乡村文化大使"等特色文化队伍；温州市广泛发动文化志愿者、退休干部、农村乡贤、热心群众积极参与文化礼堂建设，提出了"新青年下乡"活动和"四千结对"活动，已组建1200多个乡村艺术团，组建了14支以青年为主体的宣讲分团，同时，还涌现了大量的基层文艺骨干。温州市平阳县农村文艺工作者周德华是溪尾村文化礼堂的一名管理员，负责编排了2015年的"九九重阳·浓浓敬老情"重阳敬老仪式暨文艺演出和2016年的"村晚"文艺演出等节目。他设计的小品《摇钱树》，包含传统元素，极具教育意义；他画的民俗作品，真实反映了溪尾村的旧时村貌和传统生活场景。再如临安区板桥镇上田村，一直以"文武上田"为特色，书法和武术是上田村代代相传的传统。2012年，村"两委"恢复、整理的"十八般武艺"成功入选浙江省非物质文化遗产名录。同年，上田书法协会正式登记注册为临安书法家协会上田书法分会，胡成英老人是中国书协会员，也成为村书协的带头人。正是有了源源不断的文化文艺表演人才和管理队伍，礼堂文化才有了人才保障和持久活力。

三、礼堂文化培育的经验启示

浙江省农村文化礼堂从创建、推广、提质扩面到文化礼堂2.0版，形成了一套完善的礼堂文化的培育体系，在培育目标的确立、文化内涵的挖掘、文化品牌的塑造到文化人才的培养等方面均形成了一套组合拳。

1. 坚持目标导向，才能久久为功

近十年来，尽管浙江省农村文化礼堂的管理队伍和文化文艺队伍不断更替，但其文化影响力却越来越大，社会声誉也越来越高，首要经验当属坚持目标导向不放松。在建设之初，就把文化礼堂定位为农村和农民的"精神家园"，以展览展示和开展文明礼仪活动为主要内容；之后又确立了"思想引导、道德教化、礼仪培养、文化熏陶"的内容培育目标，更大程度地满足了农民对美好生活的向往。为了保证培育目标落地、落细、落实，省里制定了基层宣传文化工作"一个责任体系四张清单"，实施"十百千"的典型培育计划；同时聚焦农村和农民的实际情况，结合各农村文化礼堂的地理位置，创建文化礼堂"一村一品、一堂一色"。正是这样从上到下、几年如一日地坚持目标导向，又坚持与农村农民的实际需求相结合，才造就了今日浙江农村文化礼堂的满院芬芳。

2. 尊重农村农民的内生规律，才能激活礼堂文化的新活力

在农村文化礼堂的建设过程中，省委、省政府就以文件的形式确立了"农民主体"的思想。"把以人民为中心的发展思想贯穿于农村文化礼堂建设、管理、使用全过程，充分调动广大农民群众的积极性、主动性和创造性，满足农民群众的精神文化需求，提升农民群众获得感、幸福感"。比如"我们的村晚"就是以农民为主体的成功典范。"我们的村晚"提倡"农民导、农民演、演农民、农民看"，以"原汁原味原生态"为特色的"乡土味"成为"村晚"的灵魂，而渔歌、山歌、茶歌、非遗新唱和坐唱班、腰鼓队、排舞队等来自田间地头和农民生活的内容成为"村晚"的节目。借助农村文化礼堂的平台，"我们的村晚""我们的村歌""我们的节日""我们的村运会"……一个个"我们的"系列活动均以农村为背景，以农民为主体，以农村和农民的日常生活为内容，充分尊重了农村农民的内生规律，真正激发了礼堂文化的生命活力。

3. 强化品牌化和故事化，才能打造礼堂文化的影响力和亲和力

从内容培育角度思考，文化礼堂推出的各类节目之所以能够使老百姓听得懂，看得明白，同时具有持续的影响力，可以总结为"提炼核心价值点，打造系列品牌"，以及"贴近百姓生活，创新文化故事"两个方面。

首先，品牌是最好的口碑。礼堂文化被打造成一个又一个的文化品牌，才能进行有效的宣传，也才能产生持续的社会影响力。浙江省农村文化礼堂的基本做法是根据各地的资源优势和特色，发挥农民自身的积极性和创造力，提炼整合特色文化的核心价值点，同时进行形式上的规范化包装和推广上的全媒体传播。不管是"我们的节日""我们的村晚""我们的村运"等系列活动品牌，还是聚焦文旅融合、文产融合、农旅融合而推出的"我们的村礼"等特色品牌，都是走了一条品牌化的道路。

"我们的村礼"：慈溪长河草帽

"我们的村礼"：温岭石塘大奏鼓盲盒

其次，故事化是礼堂文化喜闻乐见的呈现保障。传统的乡土文化，要么表现为信仰和习俗等抽象的意识形态，要么因为历史久远，缺乏足够的亲和力。如何使抽象古老的乡土文化成为贴近农村百姓生活的形式？文化礼堂的工作者充分发掘展陈内容和活动品牌的生活味和"乡土味"。之后，这些特色

内容会被地方乡贤或文化工作者重新编排成为一个个通俗易懂、形象生动的感人故事；以此为基础，设计者又把整个村庄设计为艺术展示区、参政议政区等各种日常场景，巧妙地植入各种文化故事。抓住农民的文化需求和接受特点，强调

"我们的村礼"：越城东浦黄酒醉枣

生活化、故事化和场景化，才成就了"一村一品、一堂一色"的礼堂文化。

4. 重视文化人才的培育，才能保证礼堂文化的可持续创新

人才的保障，是文化礼堂可持续发展和礼堂文化持续创新的保障。在浙江农村文化礼堂的建设中，各级党委和政府领导都十分重视人才队伍的建设。一个层次多元、功能互补的人才生态圈逐步形成，成为农村文化礼堂可持续发展和礼堂文化可持续创新的宝贵经验。这个人才生态圈具有两个基本特征：第一，人才来源的多维性。这里有国家级省市级的非遗传承人，有由大学生、教师、文艺工作者构成的社会文化志愿者，有近几年涌现的礼堂文化带头人，更有众多的草根文艺人才；他们分别承担策划、宣讲、创作、表演、管理以及服务等不同功能，职责各异，功能互补。第二，人才活动的共生性。不管是负责文艺活动决策和协调的文化管理队伍，抑或着力于创意和制作的内容生产制作队伍，还是从事传播的宣传队伍，通过一系列制度的管理和内在活力的激发，使他们均能相互配合支持，做到共生共荣，尤其是在准备"我们的村晚"等大型活动时更是如此。正是在"精神家园"的培育生态圈中，管理员队伍、文化骨干队伍和志愿者队伍积极投入，才共同促进了礼堂文化的不断繁荣。

数字化改革：加快推进农村文化礼堂系统性重塑

大数据是生产资料，云计算是生产力，互联网是生产关系，数字化技术是未来竞争的利器。农村文化礼堂是基层宣传思想文化工作主阵地，在基本实现省域全覆盖之后，通过数字化改革，文化礼堂的"建管用育"水平不仅能够实现有效提升，而且文化礼堂在精神富有建设方面的潜能也能够不断得到挖掘和释放。

一、数字化改革对文化礼堂提升的价值与功能

随着数字化技术的迭代更新，数字化在实现共建共治共享等方面的效用更加凸显，在实现精神富有方面的地位更加重要。通过文化礼堂的数字化改革，实现文化礼堂的系统重塑不仅成为文化礼堂建设的新契机，也成为建设共同富裕示范区和建设现代化先行省的重大举措和抓手。

数字化改革能够助推各类文化要素和资源向农村配置。浙江省域范围内的农村文化礼堂建设经过多年的发展和积累，已经从初具规模到遍

执笔：董敬畏，社会学博士，中共浙江省委党校（浙江行政学院）教授，主要从事区域社会与文化发展研究。

地开花。在构建新发展格局过程中，文化礼堂的数字化改革是顺应新形势，将建设优势转化为效能优势、再将效能优势转化为发展优势的重大举措。通过文化礼堂的数字化改革，助推党委、政府条块各类文化要素和资源向农村配置，发挥各类文化要素和资源的作用，补齐农村文化文明建设的短板和基层公共文化服务和精神文明建设的弱项。

数字化改革能够助推加快实现基层文化智治。文化礼堂的数字化改革集成碎片化的内容，加快形成协同工作场景，并以场景应用为抓手，推动文化资源要素大整合、文化服务效能大提升。文化礼堂的数字化改革构建了省市县乡村五级纵向贯通和各部门间横向联通的"一体化"文化工作模式，形成纵向到底、横向到边、合纵连横的文化阵地体系和工作网络。文化礼堂的数字化改革依托大数据网络平台，对活动活跃度、群众受益面、政府投入、社会力量引入等进行数据分析，构建"活动开展、数据分析、群众评价、定向反馈"的闭环管理模式。

数字化改革能够助推礼堂文化内容共享。文化礼堂的数字化改革推动"万堂互联"，探索"文化供给资源共享云"建设。文化礼堂数字化改革通过信息发布、广播摄像、视频监控等方式，对有限资源进行集成宣传、线上展示、供需对接，实现"一场活动万堂参与""一场服务万堂享用"。依托数字化平台，深化点单派单机制，强化数据分析研判功能，进一步完善"政府主导、社会协同、群众参与"的礼堂工作机制，促进专业力量参与礼堂建设、内容供给、人才培育，提升"造血"功能和内生动力，从参与机制方面实现共享。

二、文化礼堂数字化改革的共建共治共享实践

文化礼堂的数字化改革推动了浙江省各地文化发展不平衡不充分问题的进一步解决，促进了文化礼堂整体利用效率提升、文化内容供给与

需求匹配、文化管理队伍专业性提升、文化相关保障要素的整合等。因此，文化礼堂的数字化改革成为浙江省域层面文化共建共治共享的有效探索和实践。

1. 共建数字化平台实现服务模式转变

齐心协力共建数字化平台。浙江省委宣传部围绕创新农村精神文明建设有效载体、探索构建农村"15分钟品质文化生活圈"、实现农民群众精神富有目标，借助数字化改革，打造融"荐、用、管、评"一体的"礼堂家"智慧服务应用。"礼堂家"应用解决了城乡文化一体化供给和浙江省2万余家礼堂科学化管理的痛点难点，通过资源整合、系统重塑、机制创新，形成五级贯通的农村宣传文化阵地管理服务体系。在浙江省委宣传部和省农村文化礼堂建设工作领导小组的引领示范下，浙江省各地依托"礼堂家"数字化平台，结合本地文化特色，开发各有侧重的文化礼堂数字化子应用。绍兴市"礼堂智慧云"、慈溪市"慈礼堂"、海盐县"县、镇、村"三级智联等各具特色的数字化平台，为丰富当地民众的精神文化生活提供了有效载体和阵地。

多方联动实现供需精准对接。依托农村文化礼堂智慧管理服务数字化平台，浙江省机关、高校、企业、社会组织、市场力量与群众等多方联动，深化礼堂的点单派单机制，强化数据分析研判功能，分析参与群众的年龄结构、点单类型、活动喜爱度等，科学预测群众对服务内容、活动内容的需求期待，定向提供群众心仪的内容项目，实现精确分析、精准匹配、精细服务。比如海盐县通过精密数据比对，分析出基层受众对象的性别比例、年龄层次、受教育程度、喜爱的节目类型，以及各季度文化礼堂开展活动的频次，通过每季度的统计与数据分析报告实现供需精准对接。

线上线下融合促进服务效能提升。浙江省各地积极探索礼堂数字化管理服务模式。在文化礼堂提供服务过程中，努力推进数字化建设、智能化管理、精准化服务"三化融合",打通实地端、手机端、电脑端"三端",打造实地、虚拟"双空间",将线上服务与线下服务相融合,使礼堂文化看得到、听得见、记得住、带得走。通过礼堂的数字化改革,群众无论身处何地,无论何时,都能享受更加便捷、更有质量的精神文化生活体验。在义乌,以数据融合创新为内核,构建精细高效、普惠便捷的礼堂服务"一张网",切实增强文化礼堂数字化运维管理效能、服务供给能力,用指数提升"精神家园"幸福魅力。

2. 拓展数字化手段实现服务内容共享

一是数智手段强化平台共享。"礼堂家"智慧服务应用构建核心业务体系,建设统一的用户体系、权限体系、标签体系等,采用数据整合、数据共享、分析挖掘等技术打造文化礼堂数据库,实现省市县乡村五级贯通,形成"全局一屏掌控、指令一键智达、执行一贯到底、服务一网即办、监督一览无余"的工作体系。同时坚持"一地创新,浙江省复用"原则,引导多地建设试点模块,不断完善应用建设。

二是整合资源促进内容共享。文化礼堂的数字化改革牢牢把握精神家园的定位,通过数字化技术,将理论宣讲、红色党课、形势政策等内容融入礼堂,将文化礼堂基层工作的前沿哨和群众工作大本营两种理念结合,切实让党的声音"飞入寻常百姓家"。同时,通过数字化改革,在礼堂融合开展文学、音乐、曲艺、影视、书法、美术等线上线下培训活动,创新群众数字阅读、在线演艺、网上辅导等新型文化服务,推动高雅艺术上山下乡,推进乡村文化组织建设。通过文化资源的数字化共享,努力将文化礼堂建设成为共同富裕的乡村文化生活样板区。

三是场景打造推动服务共享。场景打造作为数字化改革的启动器,能够有效促进服务内容共享。通过系统梳理与农村群众有密切关联的文化、教育、医疗、法律、金融等资源,并将这些碎片化资源和内容通过文化礼堂的数字化改革全面集成,形成数字化协同管理和服务场景。在省级层面"礼堂家"的数字化应用场景中，"用礼堂"的场景初步实现多跨部门协同供给。通过多跨协同省教育厅、省卫生健康委等省直单位，浙江大学、中国美术学院、浙江音乐学院等高校，物产中大、阿里等企业的服务内容，全面整合在线教育、医疗问诊、健身指导、文艺培训等数字资源，形成点派单精准供给链条，打造"我在礼堂逛故宫""我在礼堂上浙大"等服务，开发"一堂演万堂看"等功能，推动浙江省乡村文化服务资源共享。

四是开放运行实现长效共享。文化礼堂的数字化改革坚持开门办礼堂，以开放运行搭建共享长效机制。文化礼堂的数字化改革不断完善"政府主导、社会协同、群众参与"的工作机制，并在实践中创新自治、法治、德治、智治"四治融合"的治理格局，切实增加群众文化方面的获得感、幸福感。同时，积极引入社会专业力量，参与农村文化礼堂常态长效发展，推动专业力量参与礼堂建设、内容供给、人才培育，提升农村文化礼堂的"造血"功能和内生动力。嵊泗县的"礼堂＋云直播"和"礼堂＋游客"模式，打破时间和偏远海岛的地域限制，通过引入现下流行的网络同步直播方式，组织全县线上观摩学习，同时观众可以实时转发和评价，进一步扩大礼堂的影响力和辐射面。

3. 形成数字化评价链实现礼堂共治提效

数据闭环健全评价体系。依托大数据网络平台，对活动活跃度、群众受益面、政府投入、社会力量引入等进行数据分析，广泛收集群众意见建议，及时解决群众反映的问题，构建"活动开展、数据分析、群众评价、定向反馈"的闭环管理模式，实现了文化礼堂的全过程服务管治。从服务需求调查开始，依次经活动点单、活动预告、活动预约、活动结果采集、主管部门审核、群众评价反馈等环节，实现了从终端管理到过程化、全程化管理的转变。在省级层面的"礼堂家"数字化应用场景中，打通了"评礼堂"场景的"点单—派单—评单"闭环管理机制，并开发群众"随手拍"等功能，强化礼堂服务双向反馈，将群众评价作为服务质量判定标准。

效能告警机制提升管理共治。通过农村文化礼堂数字化改革，以效能告警机制实现智治的考核管理、服务的供需多元共治、供给内容的数字化运维等礼堂治理格局，形成文化礼堂建设、使用、培育、传播、评价等全生命周期管理架构。依托省级层面的"礼堂家"数字化平台驾驶舱，穿透省、市、县（市、区）、乡镇（街道）、村五级，构建由基础因子、活跃因子、影响因子和评价因子构成的使用效能指数，建立农村文化礼堂效能指数评价体系，通过对点单量、评价情况等的分析研判，将群众评价作为政府服务项目有效性的衡量标准，对服务项目进行合理的绩效考核，全面提高了服务项目效果评估管理能力。实行星级文化礼堂淘汰退出机制，对建设运行情况较差的星级文化礼堂，给予限期整改、退出等处理。

优化财政资金使用提升工作效能。通过农村文化礼堂的数字化改革，优化财政资金使用，提升工作效能。围绕具有礼堂辨识度的宣教活动、体制机制改革、数字化改革、特色创建等项目，采用"揭榜挂帅"形式，每季度分层分类开展文化礼堂互学互比赛马，将其作为农村文化礼堂建设补助资金示范激励的重要依据。对工作先进地区以奖代补，对于财力薄弱地区重点支持。优化市及市以下资金使用，市级财政主要通过以奖代补方式、县级政府统筹涉农资金、村级组织加大集体经济投入，并引入社会力量投入，以资金优化使用提升礼堂工作效能。

三、文化礼堂数字化改革的经验启示

在建设新时代文化高地，努力推动高质量发展建设共同富裕示范区过程中，在农村文化礼堂基本实现全覆盖之后，农村文化礼堂怎么建、怎样建好、建成什么样？浙江通过数字化改革的"跑道"回答了此问，赋能农村文化礼堂，助力共同富裕，取得明显成效。回顾浙江文化礼堂数字化改革过程，总结浙江文化礼堂数字化改革的经验启示，对推进文化礼堂下一步的工作有着十分重要的指导意义，对于全国农村的文化建设也有着重要的借鉴意义：

1. 集成多源数据，有助于放大群众高品质文化生活效应

面对农村文化建设资源分散、效能低下、"九龙治水"的现状，浙江通过文化礼堂的数字化改革，将分散在各个条块的文化资源充分整合，在确保文化数据安全的前提下，最大程度集成和整合为群众提供教育、医疗、养老、体育等各种便民惠民服务和各类文化数据和资源，并形成场景和模块，实现了把优质的服务送到乡村田野，让基层群众听到党的声音、感受党的温暖、尽享美好生活。在文化礼堂数字化改革的过程中，文化的优质供给和有效主导与民众的美好生活需求精准对接，不仅解决了资源分散、管理服务效能低下的问题，实现了文化供给的全链条、全周期的多样、均等、便捷的服务，而且满足了群众高品质生活需求，对于群众高品质文化生活的向往起到了放大、叠加和倍增的效果。

2. 打造开放平台，有助于构建多元主体文化共建共享格局

面对农村文化建设群众参与度不高，投入主体和途径单一的现状，浙江通过文化礼堂的数字化改革打造开放平台，鼓励开放运维，多方面激发农村文化建设的主客体的动力与活力。通过数字技术推动浙江省文化礼堂的"万堂互联"，探索"文化供给资源共享云"建设，对有限的文化资源进行集成宣传、线上展示、供需对接，实现"一场活动万堂参与""一场服务万堂享用"的共建共享。同时，通过数字化平台的大数据精准分析，及时反馈和掌握基层群众期待什么、关注什么、需要什么，然后通过政府、市场和社会力量的多元供给，加强多元联动，通过多跨协同，构建农村文化建设和服务的数字化生态，实现文化服务全覆盖、

文化管理运维全时空、文化资源全共享的多元主体共建共享格局。

3. 实现流程再造，有助于转变文化治理思维

面对农村文化建设的体系化推进不足和系统化运行欠缺的现状，浙江通过数字化技术、数字化思维、数字化认识，对农村文化礼堂从硬件到软件、从内容到功能、从管理到运行进行统筹规划，在实践中不断推动农村文化礼堂建设工作体系的系统重塑，力求解决当前文化治理思维碎片化、条块化的问题。通过着眼部门间一张网、县乡村一体化，以按地域切分建舱的方式，构建省市县乡村五级纵向贯通和各部门间横向联通的"一体化"工作模式，形成纵向到底、横向到边、合纵连横的阵地体系和工作网络以及全生命周期的效能指数，浙江实现了农村文化建设和治理的制度聚合和驱动，推动了文化建设各要素、各子系统、各分单元的体系集成，并通过文化治理的流程再造和功能优化，实现农村文化的生产方式、运行方式和治理方式的转变，解决了文化供给和需求的联动效能不足等问题。

4. 满足高频文化需求，有助于提升文化阵地生命力

面对当前群众多样化、个性化的文化需求无法满足的现状，浙江依托大数据网络平台，强化数据分析研判功能，对活动活跃度、群众受益面、政府投入、社会力量引入等进行数据分析，广泛收集群众意见建议，科学预测群众对服务内容、活动内容的需求期待，定向提供群众心仪的内容项目，从而满足群众的高频文化需求，并及时解决群众反映的各类文化服务的相关问题。只有精确分析群众的文化需求，精准匹配文化供给的相关内容，精细服务群众的各种文化诉求，文化礼堂的精神家园功能、阵地功能、传导功能、品牌功能才能充分发挥，特色文化礼堂提质扩面才能有的放矢，农村文化礼堂这块金字招牌才能擦得更亮，文化礼堂的阵地生命力才能经久不衰。

新冠肺炎疫情下的农村文化礼堂：
活动、功能与发展建议

——基于5市24村的追踪调查分析①

自2013年以来，浙江农村文化礼堂建设克服各种困难与挑战，以文化惠民、文化乐民和文化富民等方式，有效地支撑了乡村振兴。新冠肺炎疫情的暴发与持续，给各领域包括文化活动组织等都带来了重大的影响。那么，疫情暴发以来，农村文化礼堂建设是否遭受了冲击？村民与文化礼堂的关联是否减弱？文化礼堂的乡村振兴功能是否遭到削弱？在2019年调研的基础上，经对杭州、宁波、金华、丽水和衢州5市24村文化礼堂建设进行问卷与访谈，对新冠肺炎疫情下的农村文化礼堂发展提出相关建议。

一、文化礼堂活动：重构重组

调查表明，疫情影响下的农村文化礼堂活动安排，存在乡村文化建

执笔：郭金喜，浙江师范大学马克思主义学院副教授；詹婷雅、赵思涵，浙江师范大学马克思主义学院本科生；王张凤，浙江师范大学经济与管理学院本科生。

① 本文系国家社科基金项目"乡村文化治理的社会组织集群化生成机制研究"（项目编号：21BKS094）和浙江省社科规划项目"文化礼堂助推乡村振兴的逻辑机理与实践路径研究"（项目编号：19NDJC258YB）阶段性成果。

设与疫情防控相互交织的双重逻辑。一方面，基于文化建设推进和村民日常文化需求等，文化礼堂需结合相关工作常态化地开展活动；另一方面，基于疫情防控对减少大规模人群集聚等的控制性要求，文化礼堂的活动内容与方式需要重组重构。

疫情对文化礼堂活动的直接影响之一是大型活动减少甚至直接取消，大量活动采取线上方式。从被调查者的感知看，与2019年相比，2021年文化礼堂的多数活动出现了不同程度的下降（表1）。其中，"开会议事"活动在所有活动中所占的降幅比例最大，达12.97%；"庆节礼仪"活动从2019年的59.18%下降至2021年的49.02%，降幅10.16%，列第二；"道德讲堂"下降7.81%，列第三。这一问卷结果得到了访谈的证实，一些村干部和文化礼堂管理员等受访者纷纷表示："疫情期间文化礼堂基本上不再开展大型活动"，"今年'我们的村晚'按要求取消了"，"受到疫情的冲击，年年举办的剧团演出停止了，一直到今年都没有再开展过"。

表1　文化礼堂举办过的活动

疫情对文化礼堂活动的直接影响之二是与疫情防控相关的活动增加。包含健康养生讲座、以"防疫"为主题的经验分享会等在内的科普文化讲座活动在两次调研期间出现了10.58％的增长，取代"道德讲堂"和"开会议事"，由原来的第六位上升为第四位。不仅如此，一些文化礼堂还成了村民体温检测点和新冠疫苗接种点。如金华下张家村文化礼堂，就成为服务周边几个村的疫苗接种点。受此影响，绝大多数受访村民高度认可文化礼堂的疫情防控功能。其中，认为"有积极作用"的占了68.95％，"作用很大"的达到27.22％。

疫情对文化礼堂活动的直接影响之三是线上活动增加。疫情加速了包括文化礼堂在内的乡村数字化进程。绝大多数村庄均广泛且日趋频繁地使用微信群、钉钉群、公众号等方式进行信息发布、工作联系和议事活动。其中，衢州市姚家村每周对公众号"姚家发布"进行更新。"云活动"成为新方式，一些特色旅游文化村，在疫情期间将"云村晚""云游""云赏"作为扩大影响的主要方式，"我们村举办了云上茶花节，采用直播的方式，邀请到专业的年轻人使活动更好地开展"。一些地方政府通过数字媒体的建设积极推进文化礼堂资源与活动的"云共享"，将空间上分离的农村文化礼堂结成云上礼堂群。

二、文化礼堂功能：稳步提升

文化礼堂的功能集"治理文化"与"用文化治理"于一体。前者着重于向村民供给优质的文化产品，实践层面可集中概括为"文化惠民"；后者的重心在于以文化建设引领乡村全面振兴，实践层面可用"文化乐民"与"文化富民"集中表达。

文化惠民稳中有升。疫情之下的乡村文化供给，总量有所下降、结构有所调整，重大活动减少明显，但类型依然较为丰富，各种类别的活动均有展开；文艺演出类、节庆礼仪类和放映电影，依然位居各类活动的前三名。此外，相当一部分乡村结合疫情防控创造性地举办了主题鲜明的健康讲座、剪纸活动、儿童的手抄报制作和文艺创造等活动，既丰富了村民的生活，又安抚了村民的情绪，增强了村民抗击疫情的信心。

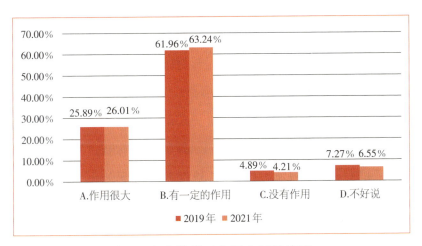

表2　文化礼堂对乡风文明的作用

文化乐民持续改善。文化礼堂的建设，持续强化了社会主义核心价值观，推进了乡风文明与有效治理。2021年，89.25%的村民认为文化礼堂加强了精神文明建设，提高了农民文化水平和思想道德修养，比2019年高。疫情期间，文化礼堂仍然发挥着减少农村聚众赌博、八卦、打架斗殴等不良行为，纠正"攀比""奢侈"等不良风气的积极作用，不少村庄还将文化礼堂建设与垃圾分类、"美丽庭院"建设等紧密相连，积极助推乡村景区化建设。受此影响，近九成的村民认可文化礼堂的乡风文明功能。在宁波市王溆浦村，妇女主任黄女士认为"文化礼堂的完善使风气改善了很多"。在杭州普宁村，村党委书记马先生表示："农村文化礼堂建设收获的不仅是村民们的欢笑，更是大家努力向上的精神。现在邻里之间更和睦，互帮互助，自身素质得到了明显提升，村内自然地形成了喜庆、祥和的美好景象。"

三、文化礼堂发展：弥合落差

走进"十四五"期间的浙江，面对"共同富裕示范区"建设的使命要求，文化建设的重要性更加凸显，迫切需要以农村文化礼堂的高质量发展支撑并引领乡村振兴，同步实现共同富裕。

发展机制上，增强政府投入，提升村民参与，强化跨村合作。针对"文化礼堂要更好发挥作用，最应该增加或改善的"这一多项选择题的回答，村民们将政府的资金投入、更好更多的文化服务下乡、村民的奉献精神、培育农民自己的文化团体和加强各村之间的联合列在前五位，分别获得了74.84％、68.94％、49.3％、39.38％和30.59％的支持。如果将前两者视为政府力量，第三和第四视为乡村自身力量，那么，与2019年的调查相比，村民对后两种力量更加重视，分别提升了17.16％和19.89％。访谈发现，包括"文化走亲"在内的跨村合作对扩展文化资源、提升文化供给质量非常重要，需要进一步加强。后疫情时代的文化礼堂发展，应进一步将政府的"送"和"育"、乡村的"种"和"创"、区域性的"走"与"合"有机融合、整体升级。

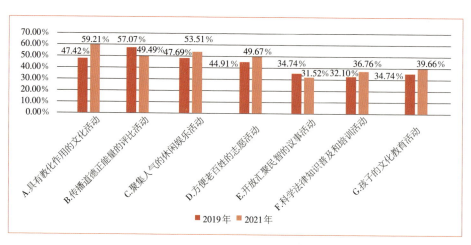

表3 文化礼堂最应加强的活动

　　活动内容上，立足乡村振兴，着眼村民需求，优化文化供给。在村民的认知中，文化惠民和文化乐民是文化礼堂建设的主要目标。2021年的问卷显示，在"政府建设文化礼堂最主要的目的"选项上，"丰富老百姓精神生活"和"提供文化娱乐场所"分别位居第一与第二，且支持该选项的村民比例较2019年的数据有所上升。现实生活中，村民在两次调查中均将"联络感情交流信息""解除疲劳缓解压力"和"发展兴趣爱好"作为参与文化礼堂活动的主要目标。从发展期待看，村民对多数类型的活动都提出了增加供给的要求。其中，对"具有教化作用的文化活动"和"聚集人气的休闲娱乐活动"呼声最大、增长最快，前者由47.42%增长到59.21%，后者由47.69%上升至53.51%。化解疫情冲击，丰富活动类型，提升活动质量，满足村民需求，提升活动社会效应，应成为优化文化礼堂文化供给的主要着力点。

　　礼堂建管上，发展志愿组织，推进数字化，提升满意率。破解村民实际参与率和满意率下降，提升文化礼堂的建管水平势在必行。针对开门难和管理人员老化甚至青黄不接问题，以文化礼堂为载体培育各类乡村志愿组织是有效的解决方案。相比较低星级文化礼堂，高星级文化礼堂拥有更多常态化开展文体活动和志愿服务的社区社会组织，且星级越高，平均拥有的数量越多。其中，杭州塘栖村通过成立好姐妹互助工作站、好邻居议事协商中心、夕阳红为老服务站、及时雨助残服务站、微尘志愿服务队和平安志愿巡逻队等，较好地建立起了活动组织与矛盾化解的桥梁和纽带。针对乡村文化资源不足和文艺人才缺乏等常规困境，一些地方通过建立跨村的文化礼堂联合会，加大乡村数字化建设的软硬件投入，推进文化资源与文化节目的数字化共享已取得了较为理想的成效。值得注意的是，乡村数字化需要充分照顾老年人，除应用操作需作一定程度的适老化改造外，还要在信息传递上继续做好"村公告栏通知"和"乡邻好友的口头转述"等传统方式。

地方报告

杭州：探索六大机制
促进文化礼堂持续发展

　　杭州农村文化礼堂建设是强化农村意识形态阵地建设，不断健全农村基层公共文化服务体系，改善农民文化生活、满足农民文化需求、构建农民精神家园的一项惠民工程，已成为杭州市建设经济富裕、精神富有的社会主义新农村的重大举措，为把杭州市建设成为独特韵味别样精彩世界名城，率先高水平全面建成小康社会，实现共同富裕发挥了积极作用。

一、建设现状

　　农村文化礼堂是一个新生事物，无先例可循，无经验可依，是浙江省的创举，杭州是发祥地。截至2021年底，杭州市农村文化礼堂建设边试点、边探索、边实践、边总结，已累计建成1954家文化礼堂，于2020年实现500人口规模以上村全覆盖。

　　杭州农村文化礼堂建设相继被列入杭州市十大民生实事项目、浙江省乡村振兴战略实绩考核、市委重大改革任务、市政府报告重点工作，得到了各级领导的充分肯定和新闻媒体的广泛宣传。党和国家领导以及省、市等相关领导先后进行实地考察调研，对杭州农村文化礼堂建设工作给予充分肯定。《人民日报》、中央电视台、人民网、新华网、《中国文化报》等诸多媒体作了宣传报道，给予高度评价。杭州市多项创新举措，得到了省委宣传部的首肯并在浙江省推广。

二、运行机制及成效

为确保农村文化礼堂建用并举，杭州市从六大运行机制着力，进一步优化资源配置，建立了一套健全规范完善的制度体系，并取得了实实在在的成效。

1. 健全完善建设推进机制

（1）坚持"三纳入"，强力推进。杭州市将农村文化礼堂建设纳入经济社会发展规划、纳入社会主义新农村和美丽乡村建设规划体系、纳入公共文化服务标准化均等化建设体系，从而形成推进农村文化礼堂建设的体系力量。

（2）落实"十三五"，扎实推进。杭州市按照"建设一批、提升一批、储备一批"的工作要求，将"十三五"任务目标逐级分解到县、乡两级，详细到各村的建成时间，细化到每一年和每个阶段，列入年度考核目标力争提前完成任务。

（3）丰富"礼堂＋"，创新推进。农村文化礼堂建设不仅有"扩面"的要求，还有"提质"的要求。为此，杭州市根据上级提出的新要求和农民群众的新需求，通过创建"礼堂＋红色教育""礼堂＋党建""礼堂＋家风""礼堂＋文创""礼堂＋网络""礼堂＋乡村游"等模式，不断提高文化礼堂建设标准。

（4）实践探索，理论先行。杭州市注重发挥好理论的指导、引领、破难和聚力作用，在完成农村文化礼堂建设任务的同时，积极开展调查研究，近年来，组织撰写完成了《乡土文化的重建与创新》《关于杭州农村文化礼堂与乡村道德建设的调研报告》《探索四大机制促进文化礼堂持续发展》《开展"文化管家"试点工作，打造农村文化礼堂专业化社会化服务新模式》等理论文章，获得了省、市的表彰奖励；牵头编写完成了《杭州农村文化礼堂实录（2012—2014）》《杭州农村文化礼堂建设巡礼》《乡村文化振兴的杭州实践》《杭州蓝皮书 2018杭州发展报告（社会卷）》等著作，为反映杭州农村文化礼堂建设发展历程及其取得的成效，留存了珍贵的历史资料。

2. 健全完善管理运行机制

（1）推行"理事会负责制"，促进民主管理。"理事会负责制"是在村基层党组织领导下构建的村民自治管理模式和整合社会资源的运行机制。2014年，杭州市在建德市乾潭镇下梓村开始试点"理事会负责制"，经过3年的总结完善，不断构建完善理事会框架，明确职能定位，规范管理运行制度，为村民、村企搭建共建共享平台，吸纳企业、社团组织、乡贤达人、文化带头人和热心人士等社会力量参与文化礼堂建设以及日常运行管理，现已发展成为农村文化礼堂实现村民自主管理的有效模式。"理事会负责制"实行民主管理，凸显农民群众的主体作用，集民智聚人心、集民力促长效，激发广大村民参与和监督文化礼堂的建设谋划、工作统筹、活动开展和经费管理等日常工作的热情，实现了"汇智聚力、共建共享"的工作目标。

（2）开展"星级评定"，促进长效管理。2014年，杭州市开始试点"星级认定"。2015年，由各区、县（市）先期试行。2016年，杭州市对符合条件的345个文化礼堂，全面开展了"星级认定"，共认定"二星级"176个、"三星级"104个、"四星级"16个。2017年，浙江省出台《浙江省农村文化礼堂星级管理办法（试行）》（浙宣〔2017〕46号），在浙江省全面推广杭州市"星级认定"做法，共设置一星、二星、三星、四星、五星5个等级。截至2022年6月，杭州市共有四星级礼堂171家，五星级礼堂183家。

杭州市富阳区葛溪村文化礼堂

3. 健全完善内容供给机制

（1）建立"大菜单"，实现资源共享。杭州市有效整合领导小组成员单位和文化、科技、卫生"三下乡"相关部门（单位）的服务资源，建立"大菜单"配送制度，合理设置服务项目和平台，发挥集聚和辐射效应，汇集形成菜单式服务体系。各区、县（市）加大资源整合力度，建立相应的配送制度。各乡镇（街道）也盘活用足自身文化资源，充分发挥文化站的作用，将志愿者队伍加以整合使用。杭州市委宣传部每年投入200万元，依托杭州市文化馆主办的杭州市数字文化馆网站"你点我送"平台，为农村文化礼堂免费定制演出服务，每年送出演出200余场。县、镇相应配送演出活动1000多场，并逐年增长。在文化配送过程中强调以"送"为主，注重做到"送""种"结合，既送演出和展示，又送培训和讲座，帮助农村文化礼堂建好自己的文化队伍，培育文化内动力。

（2）推行"互联网＋"，创新智慧发展。为适应信息化发展趋势，吸引更多年轻人参与文化礼堂活动，杭州市大力推进无线网络免费进农村文化礼堂工作，2014年在浙江省率先建成杭州市"网上文化堂"，开通"掌上文化礼堂"微信公众号和"今日头条"政务头条号，打造文化礼堂移动端及文化礼堂微视频平台，坚持每周发布一期，不断充实完善内容建设，集中宣传思想理论成果、反映礼堂活动动态、普及科技文化知识、弘扬社会主流价值、展示美丽村庄形象，实时为农民群众提供丰富实用、快捷便利的信息服务，促进网上网下交流互动。目前，县、镇和许多村相应开设了农村文化礼堂网站、微信公众号、QQ通讯群、微信交流群等网上宣传平台，促进各地相互交流、相互学习，实现资源共享。

（3）推进"送种赛"，丰富活动内容。为增强农村文化礼堂的吸引力，提高村民参与礼堂活动的热情，培养村民的文化自觉，确保农村文化礼堂实现全天候开门服务，杭州市主要从三方面下功夫：一是推行"星期日活动"。要求各地农村文化礼堂在制定年度活动规划和月活动计划的基础上，每周组织1次有策划、有主题、有一定人数参加的文体活动，促进农村文化礼堂经常性开展活动。二是广泛开展"文化走亲活

杭州市富阳区葛溪村文化礼堂举办庆"六一"红色经典诵读比赛
暨美丽师生表彰大会

动"。搭建市、县、镇三级"文化走亲节目库"和"文化走亲网络平台"，完善农村文化礼堂"文化走亲"保障机制，推动"文化走亲"形成常态。三是建立礼堂联盟、礼堂共同体。通过相近地域或相近特色的多个礼堂合作开展活动，一方面丰富礼堂活动的内容，扩大规模和影响力；另一方面培养乡村文化队伍，促进乡村文化队伍相互交流、学习、提高，有效激发农民群众的参与热情，提高文化礼堂组织开展活动的能力，提升自主创作乡村文化精品节目的水平。

4. 健全完善礼堂文化培育机制

（1）评选"最美"，引领村风。评选"最美"是杭州市精神文明建设的创举，最美文化是培育礼堂文化的重要内容。通过广泛开展各类道德模范、最美家庭、好人好事等"最美杭州"系列评议宣传活动，设立"善行义举榜""最美人物榜"等，引导广大农民群众学习"最美"、追随"最美"、争做"最美"。通过推举农村优秀基层干部、道德模范、身边好人等时代新乡贤，规范设置"乡贤榜""文化长廊""乡村记忆馆"等展陈载体，展示乡贤先进事迹，发挥新乡贤的示范引领作用。

（2）培育家风，传承美德。"好家风"是优秀传统文化的重要载体，也是培育礼堂文化的重要内容。杭州市采取长辈口述、家人共议、专家提炼的形式，以及深入挖掘村史族谱、牌匾楹联、传统家规家训等内容里的先进元素，整理编写弘扬传统美德、体现时代要求的家风家训。杭州市各地农村文化礼堂通过开展"立家规传家训"和"好家风家庭"褒奖等活动，宣传好家风家训、讲述家庭好故事、晒家庭幸福生活，使农民群众潜移默化地感知、认同、领悟、践行，让好家风、好家训代代相传。

（3）崇尚礼仪，教化育人。杭州市以中华民族传统美德和社会主义核心价值观内容为核心，将传统礼仪文化与农村群众生产生活、地方民风民俗以及时代特征相结合，每一个礼仪活动都集中体现一个正能量主题，如以"爱国"为主题的庆国庆升国旗礼、以"尊老"为主题的重阳敬老礼、以"廉政"为主题的村干部履新就职礼等，并专门组织力量，操作示范演练了20种礼仪活动流程，全程拍摄制作成教学光盘，下发给全市各地农村文化礼堂推广。为进一步推进"礼仪活动"进礼堂，通过引导各地农村文化礼堂经常性开展礼仪活动，宣扬向上向善的价值观，以达到以文化人、以礼育人的目的，进而引领乡风文明的改善。

5. 健全完善队伍建设机制

（1）用好村级宣传文化员。为加强农村文化的组织管理，杭州市的各行政村均设有宣传文化员岗位，已建成的文化礼堂均由宣传文化员担任专职管理员。为切实抓好文化礼堂管理员队伍建设，杭州市进一步完善村级宣传文化员管理办法，提高生活待遇，规范选聘制度，加强在职培训，完善管理考核。

（2）发展文化志愿者队伍。农村文化礼堂要求全天候开放，常态化开展活动，工作复杂繁多，尤其是在组织综合性的文体活动时，单靠村级宣传文化员是远远不够的。杭州市各地农村文化礼堂积极为热爱乡村文化事业的文化能人、乡贤达人提供便利条件，动员他们参与礼堂建设，以他们为骨干，组建文化志愿者队伍，组建文体社团，创设工作室，帮助筹划和开展礼堂活动。还积极引导和鼓励高校学生、大学生村干部、乡村教师等到农村文化礼堂开展文化志愿服务活动。

（3）推行"礼堂文化管家"服务。为了破解农村文化礼堂文化活动专业水平不够高、内容形式不够丰富等问题，在2018年试点的基础上，经三年多的共同努力，2021年杭州市在11个区、县（市）的143个乡镇（街道）推行"礼堂文化管家"服务模式，出台了《关于推进农村文化礼堂"文化管家"社会化服务的意见》，通过市场竞争机制，由政府向第三方专业性文化组织购买文化服务，向农村文化礼堂派驻专职管家队伍，为农村文化礼堂提供文化活动策划组织、乡土文化资源挖掘、特色文化品牌打造、基层文化队伍建设等服务，创新打造由第三方专业性文化组织向农村文化礼堂提供专业化社会化文化服务的新模式，推动农村文化基础设施、文化资源活跃起来。

6. 健全完善激励保障机制

（1）强化组织领导。杭州市委、市政府每年均将农村文化礼堂建设列入重要议事日程，定期开展研究，抓好总体谋划部署。杭州市农村文化礼堂建设工作领导小组及其办公室建立了规范的分工负责、申报审核、检查督导和定期通报等工作机制，不断加强农村文化礼堂建设的组织领导。县级党委政府也通过召开专题会议或大会专题研究文化礼堂建设工作，及时解决工作中遇到的问题，加强相应组织领导，且已逐渐形成了一些约定俗成的工作惯例。乡镇也充分发挥了"前沿指挥所"的作用，主要领导和分管领导经常性地深入农村文化礼堂工作现场，密切掌握并协调解决建设管理中的具体问题，找准工作着力点，拿出务实管用的举措，确保农村文化礼堂建设工作真正做到有人管事、有钱办事。

（2）强化经费保障。经费保障是农村文化礼堂长效机制建设的重要内容，持续稳定的投入是确保农村文化礼堂实现可持续发展的重要保证。一是确保政府投入，各级政府把支持奖补农村文化礼堂建设资金列入年度财政预算，并根据建设任务的需求加大投入力度。二是鼓励村集体投入，鼓励有一定集体经济收入的村主动列出计划，加大文化礼堂建设和提升的投入。三是引导社会资助，在保证农村文化礼堂公益性的前提下，鼓励通过设立农村文化礼堂公益金、乡贤基金和文化众筹等方式，引导政府机关、企事业单位、个人等与农村文化礼堂建立对口帮扶机制，有效补充文化礼堂日常运行经费。

（3）强化考核激励。以考核为杠杆，把农村文化礼堂建设责任分解到各级党委、政府和相关部门，强化"一盘棋"思想，形成上下联动、部门合力，共建"精神家园"的良好局面。一是把农村文化礼堂建设工作纳入党的建设和党委意识形态工作责任制,作为考评各级领导班子、领导干部特别是乡镇(街道)干部队伍的重要依据。二是把农村文化礼堂建设工作纳入新农村建设和美丽乡村建设等相关评价体系,促进各级各部门从经济社会发展的大局来谋划农村文化礼堂建设。三是把农村文化礼堂建设纳入公共文化服务标准化均等化建设体系,推进农村公共文化服务体系建设。四是建立完善的群众参与评价机制,发挥农民群众主体作用。农民群众满意不满意,是检验农村文化礼堂建设的根本标准。五是建立常态督查通报机制和激励机制。把考核激励与日常工作制度紧密结合,用考核带动工作,用激励提高效率。

三、未来发展思路

杭州农村文化礼堂建设从"盆景"变成"风景",由"风景"成为"风尚",取得了一定的成效,探索推行了一系列好的经验做法,始终走在浙江省前列。但随着建设工作持续深入的发展,外部出现了一些制约因素,内部也存在一些亟待解决的矛盾和问题,下一步将要着力在加强意识形态阵地、建设精神共富、丰富群众精神文化生活、促进平衡发展四个方面下功夫,探寻未来发展之道,创新未来发展之径,破解未来发展之困,确保农村文化礼堂建设工作健康发展。

在杭州争当浙江高质量发展建设共同富裕示范区城市范例的背景下,未来逐步消除城乡公共文化服务水平落差,破除城乡发展二元结构影响,推进城乡公共文化服务体系一体化发展是大势所趋,农村文化礼堂建设还将迎来发展的春天。农村文化礼堂建设势必将创新发展理念,打造成为互帮互助、村民相亲、邻里关爱、守望相助、同舟共济的乡村共同体,给每一位村民提供安全感、幸福感和归属感,真正成为共有的精神家园。

宁波：强化团队培育　做好
文化礼堂"用"字文章

立足"文化礼堂　精神家园"定位，在浙江省推进共同富裕示范区建设的时代大背景中，宁波市农村文化礼堂在"用"字上破题，注重挖掘和整合资源，强化文化文艺团队培育，丰富道德建设举措，挖掘乡土文化载体，满足农村群众精神文化需求，着力推进文化礼堂"八常"活动，着力提高全覆盖条件下农村文化礼堂使用效能，进一步丰富农村群众精神文化生活，开创将建设优势转化为效能优势、效能优势转化为发展优势的新局面。

一、建设现状

自2013年启动农村文化礼堂建设以来，宁波加快推进农村文化礼堂建设，力争走在浙江省前列，在浙江发展建设共同富裕示范区的时代大背景下，推动农村文化礼堂成为构筑农民精神家园的重要平台。至2020年底，宁波市已率先实现应建村文化礼堂全覆盖。依托农村文化礼堂的建设和运维，全市各地农民文化生活越来越丰富，群众满意度和幸福指数不断提升。截至2022年11月底，全市目前共有文化礼堂2229家。其中五星级文化礼堂270家，四星级文化礼堂399家，三星级文化礼堂534家。

二、特色亮点

1. 大力开展点单式服务

建好文化礼堂是基础，用好文化礼堂是根本。随着文化礼堂数量的增长，人才、保障、活动等方面的不平衡性问题日渐凸显。宁波紧紧抓住建立现代志愿服务体系的有利契机，将志愿服务理念、机制、活动、队伍等导入文化礼堂"建管用育"全程，通过志愿服务与文化礼堂有机融合，推动文化礼堂"大门常开、活动常态、内容常新、队伍常驻"，探索形成了一条志愿服务和农村文化礼堂共建互融的发展之路。

着力构建以村民为主体、社会各界协同推进的"建管用育"体系。建立"岗位化、专业化、社会化、网络化"的现代志愿服务机制，将文化礼堂志愿服务的开展作为重点，推进镇、村两级志愿服务站建设，为文化礼堂志愿服务的开展提供支持和管理工作，为广大志愿者和志愿组织进入文化礼堂开展活动提供便利。截至2021年底，全市共有农村文化礼堂的志愿服务队伍3000多支、注册志愿者25万余人活跃在礼堂一线，其中注册的专业文化志愿者12000多人。

宁波探索建立了"淘宝式"文化礼堂服务机制：镇、村将文化礼堂需要的服务和项目通过"We志愿"服务网发布，网络平台把相关信息推送给符合条件的志愿者和志愿服务组织，方便他们找到符合自身实际的志愿服务岗位和活动，促进供需双方对接。目前，在"We志愿"服务网上已发布岗位6000多个、活动8000多项，最高单日访问IP量过万。"淘宝式"服务机制的建立，使文化礼堂志愿服务实现了"互联网＋"。"淘宝式"志愿服务机制也因此获得了浙江省宣传思想文化工作创新奖。

2. 积极引入和扶持文化团队

文化礼堂活动要提升质量、做出特色，离不开专业文化队伍和项

宁波市奉化区裘村镇黄贤村文化礼堂门口
文艺队伍跳排舞

目。宁波积极推动发挥专业文化服务队伍作用：一方面积极推动乡村文艺服务团队进礼堂、管礼堂、用礼堂。特别是挖掘、联络具有较高艺术水准的乡贤名人设点驻堂，既充实基层管理员队伍，又解决部分

文化礼堂日常活动不足的问题。目前，活跃在全市农村文化礼堂的乡村文化团队超过4000支，已经成为丰富乡村文化的骨干力量。另一方面发动"十万文艺甬军"进文化礼堂。依托市、区（县、市）、乡镇（街道）三级文联的力量，组织各级艺术家协会会员进文化礼堂开展文化培训、作品创作和排练、文艺展演等各类志愿服务活动。2021年，仅市、区（县、市）两级文联就组织文艺志愿者到农村文化礼堂服务群众超过8万人次。

为了发挥农村文化礼堂在促进乡村共同富裕中的重要作用，宁波在全市宣传文化系统广泛开展结对帮扶相对薄弱村文化礼堂活动，由市、区（县、市）两级宣传文化单位领导牵头，各处（科室）结对1个以上乡镇（街道）当中的2个以上相对薄弱村文化礼堂。近两年来市委宣传部直接扶持培育近200个新的礼堂文化团队。

在开展礼堂文化团队培育过程中，所有扶持项目通过甬礼堂智治平台实现项目供需对接，由各地相关农村文化礼堂结合实际需要进行点单，最大限度做到个性化服务。专业文艺志愿者每次开展辅导的时间、地点、人员、图片等信息，以及辅导的成果视频，均在甬礼堂智治平台

登记展示。培育扶持成果由市委宣传部组织专家进行验收，并组织专场汇报演出。

3. 持续打造农村文化礼堂工作品牌

宁波充分发挥农村文化礼堂宣教阵地平台载体作用，把文化礼堂作为基层党校分校（教学点），组织党员干部进入礼堂开展教育培训。近年来，市、区（县、市）两级年均有2000多名党员干部以注册志愿者身份参与农村文化礼堂志愿宣讲活动。

同时，充分利用农村文化礼堂，打造各类基层宣讲品牌，凸显当地特色。以"微型党课""小载体讲大道理""蒲公英宣讲"等全国知名的宣讲品牌为载体，以党的创新理论、乡村振兴、文明村镇、小城镇综合整治、垃圾分类等重点工作为重点内容，依托民间"名嘴"在文化礼堂开展各类形势政策宣讲为主的服务活动，深受农村群众欢迎。

宁波持续打造"村晚""村歌""村舞""村礼""村运"系列品牌，线上线下结合，扩大影响力、传播度。连续举办全市农村文化礼堂"最美村歌、最美村舞"大

慈溪市龙山镇东门外村文化礼堂

赛，多首作品入选全国百佳村歌。直播活动连续登上新华社现场云直播一周点击量全国前十。"千家礼堂唱村歌迎国庆""唱支村歌给党听"等系列活动受到中央媒体关注和宣传。

4. 提升农村文化礼堂智治水平

在做好和"礼堂家"农村文化礼堂智慧服务应用一体共通基础上，

宁波积极开发运维甬礼堂智治平台，加大省、市礼堂数字化平台之间的协同互动。着力打造"一键到达＋媒体传播＋网络互动"的一体化平台。依托省文化礼堂智慧平台，文化礼堂活动的社会影响力明显增强。比如2022年元宵节期间采写的《过年意犹未尽，来看看宁波农村文化礼堂花式闹元宵》原创稿件，在微信公众号上阅读量突破1.3万人次，"甬上"客户端头条置顶后，单条点击量突破18.9万人次。

三、经验启示

1. 提升农村文化礼堂品质，须突出地域特色化

创新开展具有宁波特色的文化礼堂"八常"活动。深入贯彻落实《浙江省农村文化礼堂建设实施纲要（2018—2022年）》精神，在实现全覆盖的基础上，在农村文化礼堂推动阵地大门常开、理论宣讲常进、群众实事常办、志愿服务常有、文体活动常新、乡贤能人常驻、文旅产品常在、村民（游客）常到等"八常"活动，着力推进公共文化服务改革创新、农村文化礼堂提质增效。常态化内容服务有效提升了文化礼堂的建设品质。

2. 提高农村文化礼堂使用效能，须突出智慧化

依托省"礼堂家"、市"甬礼堂"农村文化礼堂资讯共享平台，建设智慧文化礼堂数字化管理服务系统，着力构造管理驾驶舱，设置数字内容供给等服务功能，推出全市文化礼堂电子地图，打通与"浙里办""We志愿""科普e站"等平台的对接渠道，对有限资源进行集成管理、线上展示，有效实现了文化礼堂精准服务、动态管理，实现文化资源共享。

3. 健全农村文化礼堂培育体系，须突出系统化

持续推进管理员专职化建设，挖掘培育乡土文化人才，健全完善农村文化礼堂志愿者管理运行机制，开展宁波市文化示范户和乡村文化能

人评选工作，举办全市文化礼堂管理员培训班，提高队伍能力素质。探索推出"礼堂有礼""艺术乡村"等品牌项目，把农村文化礼堂与乡村文旅有机融合，打造一人一艺"周末艺堂"，推动当地特色文旅产品进礼堂，为农村文化礼堂建设赋能增效，推动实现"一村一品、一堂一色"。当前宁波已推出十佳农村文化礼堂文旅线路和十佳农村文化礼堂文化品牌。

四、未来展望

宁波市农村文化礼堂建设将始终坚持守正创新，对标"文化礼堂　精神家园"，围绕共同富裕、精神富有，服务群众、突出特色、擦亮品牌，进一步加大投入规模，增加农村文化礼堂公共文化产品供给，推动农村文化礼堂建设均衡化发展，提升基层群众的文化满足感和获得感。进一步理顺工作机制，加大各职能部门之间的协作互动，推进文体资源和平台共享。加大在市本级、区（县、市）两级进行资源统筹，充分调动各种资源，参与到文化礼堂内涵建设中来。持续开展礼堂文化团队培育扶持计划，不断增强农村文化礼堂内生动力。不断推动"建管用育"一体化水平不断迈上新台阶，为坚决扛起锻造硬核力量、唱好"双城记"、建好示范区、当好模范生、共同富裕示范先行的历史使命，为加快建设现代化滨海大都市凝聚强大文化力量和精神动力。

温州：深耕文化礼堂　打造共同富裕示范区农村基本单元

为进一步推动公共文化服务均等化，丰富基层群众精神文化生活，巩固基层意识形态阵地，温州市委、市政府于2013年研究制定《关于推进全市文化礼堂建设的实施意见》（温委办发〔2013〕86号），全面开启了文化礼堂建设工作。经过多年，温州文化礼堂切实实现了文化礼堂建设的规范化、科学化，形成了"建管用育""7651"（"七项制度、六支队伍、五大内容、一个平台"）管理运行体系，成为"乡村客厅、乡愁基地、文化地标、精神家园"，成为浙江省共同富裕示范区市域样板的基本单元。

一、建设及成效

1. 建设概况

温州提前一年全面完成500人以上行政村全覆盖的目标任务，截至2022年11月底，建成文化礼堂3434家，建成数量居浙江省第一。"宣传嘉"智慧云平台实现了温州全区域文化礼堂的智慧化管理，入驻1437家服务单位和社团，提供了17320个服务项目13.29万场，群众满意率达98％以上。温州文化礼堂建设已形成了一个个温州方案、温州智慧、温州经验，赢得了美誉，取得了丰硕成果。其中，温州农村文化礼堂累计获评省五星级196家，创成省级示范县8个、省级先进县11个、示范乡镇（街道）37个、省级"最美文化礼堂人"21人，上述荣誉数量均为浙江省前列。工作经验做法多次获省市领导点赞肯定，并在浙江省推广。理论文章、工作经验、典型人物等被省级以上刊物媒体刊播转载累计超2万多条（次）。"温州市强化阵地建设筑就基层思想文化理想家园"经验材料，被省委办公厅刊发；文化礼堂"四千结对"活动、最美文化礼堂人等案例入选浙江省文化礼堂操作手册，入选案例数居各地市第一；勇立潮头看浙江——如何大力推进"两个高水平"建设等教案入选浙江省《新时代基层宣讲精品教案三十讲》；"新青年下乡"活动和"中国梦 温州好故事"2个案例入选浙江省"三贴近"优秀案例。在省级以上会议活动典型交流13次，温州文化礼堂供需对接平台建设、樟里村文化礼堂建设等工作经验在浙江省农村文化礼堂建设工作现场会、浙江省基层宣讲工作暨宣讲进文化礼堂经验交流会上做典型发言。

2. 建设成效

一是文化礼堂工作格局实现了"集团作战"。温州市以农村社区文化

瑞安市马屿镇江桥文化礼堂

礼堂建设工作领导小组为骨干，坚持并完善了党委政府统一领导、宣传部门牵头抓总、相关部门各司其职、社会各方共同参与的工作机制。十余年来，温州始终以年度市政府十件为民办实事项目为抓手，把文化礼堂建设纳入全市经济社会发展规划、乡村振兴战略、社会主义新农村和美丽乡村建设规划体系、农村公共文化服务标准化均等化建设体系，成为各级领导班子、领导干部，特别是乡镇（街道）干部队伍意识形态工作考核的重要依据。同时，推动政府、高校、地方之间的合作，联合温州大学成立温州市文化礼堂研究与发展中心，联合温州商学院成立温州乡学院，并以此为依托，构建了全链条式文化礼堂及农村"绿领"人才培养体系，促进了理论、文化、民俗、艺术、建筑、设计等各方面专家资源服务文化礼堂可持续发展。由此，温州文化礼堂工作格局实现了从"独角戏"转变为"大合唱"，从"单兵推进"演变为"集团作战"。

二是文化礼堂建设内涵形成了"惠民优势"。温州始终坚持"建好的文化礼堂好好用，有用的文化礼堂好好建"的思路，推动文化礼堂成为全龄友好城市建设的重要组成部分。十余年来，温州文化礼堂整合了体育、民政、金融、红十字、卫健委、文广旅等部门资源，相继推出银色人才"一月一礼堂"活动、"关爱老人消防来敲门"上门服务活动、"社区矫正"进礼堂活动、"健康伴我行"进礼堂活动、"送文艺进文化礼堂"、科普大篷车和社科普及活动进文化礼堂、"温小保"讲师团进礼堂，成为群众的"健康角""百姓书房""百姓健身房""家宴中心"，打通了特殊人群公共服务的"最后一公里"，通过"老年人日间照料中心"让老年人得到贴心的关怀，通过"春泥计划"活动室解决了农村儿童放学后无人看管、暑期留守在家等问题。由此，温州文化礼堂建设做到了"只增内容不增牌子"，形成了惠及全社会全年龄人群的公共服务优势。

三是文化礼堂队伍建设凸显了"志愿力量"。温州市积极整合各级政府组织、民间社团、在温高校师生等各方面志愿力量，创新志愿者服务模式，推动了志愿服务的常态化、制度化、专业化、智慧化和可持续发展。十余年来，温州发动各级千个机关党组织、千家文明单位（基层站所）、千支志愿队伍结对服务千个文化礼堂，创新推出2万多场次"四千结对"活动；组织在温高校师生开展"新青年下乡"活动，38万余人次到文化礼堂开展志愿服务和实践活动；组织组建1200多个乡村艺术团入驻文化礼堂参与运营、管理和服务，形成"礼堂培育社团，社团支撑礼堂"的联动互补效应；组建了14支以青年为主体的文化礼堂理论宣讲分团，打造了30多个宣讲品牌，开展主题宣讲2000余场，受众面超50万人。

四是文化礼堂保障机制体现了"共建共享"。温州市为保障政府、公益、市场等各方面资源向文化礼堂"导流"，注重在机制创新上下功夫，建立场地共享机制、优质服务项目输送机制、志愿服务积分管理机制等制度，真正实现了文化礼堂"建得好更能用得好"。通过"宣传嘉"云平台的统筹安排，个人、单位、团体各类合法合规非商业惠民活动进驻文化礼堂，大大减少了闲置时间，实现了各文化礼堂功能场馆场地共享；通过市级文化礼堂建设专项奖励补助，从"宣传嘉"云平台点单四星文化礼堂服务，实现了优质服务项目跨礼堂、跨区域的共享；通过志愿服务墙搭建了志愿者与群众的项目对接制度，按照服务内容和时间的积分记录，志愿者可以通过积分兑换居家生活必需品和家务服务志愿服务，实现了志愿者从个人成就感到社会成就感的全方位获取。

二、特色亮点

温州各县区文化礼堂建设以"一堂一品一特色"为要求，因地制宜，梳理村落历史文脉，挖掘名人名史名迹，通过数字平台赋能，建设一批美丽乡村、历史遗存、道德实践等类型的文化礼堂，形成了具有温州文化辨识度的样板和品牌。

鹿城释放文化发展澎湃动力，"礼堂名片"不断扩容升级。鹿城创新文化服务供给，推出供销进礼堂，构建优质日用品"下乡"和绿色农产品"进城"双向流通渠道，探索破解农村物流配送的"最后一公里"难题，充分发挥文化礼堂的阵地功能和惠民属性，助推"礼堂经济"新发展；启动"村播计划"，打造"直播＋文化礼堂"模式，建立以文化礼堂为阵地的网络直播培训站，通过网红经济助推文化礼堂多元发展，让"我们的礼堂"成为"我们的创业乐园"；创建"瓯越名师坊"，吸引本土名师名家入驻文化礼堂，通过常驻办班等形式开展系列活动，广泛引导公益力量参与和社会资源支持；以"e 鹿富"智慧文化礼堂智慧平台为依托，启动浙江省首家无人管理智慧文化礼堂，实现文化礼堂远程管理和文化内容精准输出，助推文化礼堂迈入智享新时代，真正做到"人人是堂主""门常开、灯常亮、人常来"。

瓯海选好"文化村长"，打造文化礼堂服务新样板。瓯海创立"文化村长"制度，负责文化礼堂日常管理和活动策划，为群众送上更多合民心、接地气、展特色的文化活动，谱好全域文化礼堂"百家争鸣、百花齐放"的文化乐章。一是招强择优，围绕组织策划能力等方面设置竞聘择优标准，选聘第三方专业管理团队来担任"文化村长"。聘任乡贤驻堂指导，帮助"文化村长"深入了解当地民情、民俗等信息，加快融入岗位开展各项工作。二是建章立制，赋予"文化村长"在礼堂日常管理和活动策划等工作上的"一肩挑"职权，协调联动区、镇街、村社三级文化力量，推出《千年蓝图》等精品文艺节目。建立研学交流制度，邀请专家学者进行现场授课，解答堵点难点问题，加速工作落地提质。三是群策群力，"文化村长"聚焦群众实际需求，在文化礼堂建设选址等环节积极建言献策，用心用情推出彩绘团扇、创意手工等系列文化活动，用特色文化提振乡村"精气神"。

龙湾以"民星团"为依托，培育礼堂"自"文化。温州龙湾区打造"自办自管"的文化团体、"自编自演"的品牌节目、"自娱自乐"的展示平台，让最普通的基层群众成为文化礼堂里的主角，成为街坊四邻中的"民星"；建立文化礼堂草根"民星团"，充分挖掘民间文艺人才，给他们搭建舞台，让他们成为舞台上的主角；在文化礼堂设置"群众艺团辅导基地"，强化"民星团"的归属感和使命感；重点打造文化礼堂"民星秀"大赛，实施"一村一剧"文化惠民行动，提升"民星团"的创演水平，使文化礼堂成为基层群众的精神家园。

洞头厚植"渔"味，激发文化礼堂长效活力。洞头区始终将文化礼堂建设作为一项固本强基、凝心聚力的细胞工程，积极探索"文化礼堂＋"培育模式，突出彰显"勤、和、诚、爱、礼、善、孝、渔"等海岛特色主题，打造"星期天善行日""课余德育课堂"、新青年下乡等一批惠民文化品牌，创新推出"文化协会志愿服务驻堂制""善行银行"等服务机制，不断丰富农村文化礼堂色彩，取得了显著成果。

瑞安持续擦亮"名馆＋名师＋名课"品牌，为文化礼堂常态运行注入新动能。瑞安融入本地特色，通过群众捐赠、企业共建、专家指导等方式，高颜值打造100余个"名馆"，如曹村镇东岙文化礼堂索面技艺展示馆丰富了文化礼堂内涵；通过政府邀约、行业推荐、名师自荐吸引行业精英，组建"文化礼堂设计团"，打造"名师"团，实现了优秀文艺团队、文艺名家与文化礼堂一对一帮扶指导，使一批优秀节目登上了"我们的节日""我们的村晚"等品牌活动；邀请国家级、省级等非遗传承人在文化礼堂设立授课基地，市民宣讲团在文化礼堂开展各类宣讲活动，通过高水准"名课"讲授，播撒"红色种子"，传承中华优秀传统文化，进而为文化礼堂常态运行注入了新的动能。

乐清依托"智慧服务系统"提升文化礼堂整体效能。乐清从文化礼堂难点堵点切入，制定了"智慧服务系统"，提升礼堂建设整体效能。设置活动开展等六大指数模块，建立活动得分排行、活动预约率等 11 项指标体系，并设置 N 个考核量化数的"6＋11＋N"整体运行框架。发挥"一周一公示、一月一排名"赛马功能、"实时监督"推送功能、"全屏掌控"分析功能、"一键即达"指挥功能、"三级联动、快速应答"协作功能、"群众互动"评价功能。组建全国首支新时代文化礼堂先锋队，以市、乡镇、村（社区）三级联动为运行体系，以文化礼堂为据点，分设 531 支新时代文化礼堂先锋队，执行平台运营、点单对接、服务反馈等工作。率浙江省之先开展文化礼堂跨省公益众筹活动，与文成县联盟成立浙江省第一个县级文化礼堂联盟，开展"山海之城·醉美乐清"惠民专项行动，全方位展现"节庆有味道、礼堂够热闹，人人夸咱家乡好"的新气象。

龙港创建"礼堂＋"特色品牌，做强文化礼堂区域辨识度。龙港市结合地域、文化、产业等特征，做到一礼堂一特色。新渡社区采取"文化礼堂＋学堂"模式，在文化礼堂开设孔子学堂，连续五年举办祭孔大典、儒家文化节，开设孔子学堂国学经典课堂、古琴班、彩虹课堂等优秀文化课堂，传承中国优秀传统文化；河底高社区开创"文化礼堂＋孝礼"模式，举办"敬老礼"、举行孝老爱亲等主题活动，打造全市典型的孝心示范社区；华中社区结合当地"梦江南"生态旅游观光景点打造，创立"文化礼堂＋旅游"模式，让文化礼堂设计、活动成为当地乡村旅游的一大特色景点，既丰富了当地群众的精神世界，也带动了当地的旅游经济发展。

平阳"三结"齐下，丰富农村文化礼堂活动。平阳县立足自身文化服务资源，以"结对""结亲""结盟"为抓手，丰富农村文化礼堂内容建设。礼堂"结对"，实现资源精准帮扶，实施"5＋1"结对机制（"机关党组织、乡镇领导、乡镇科室、文明单位、志愿队伍"结对已建农村文化礼堂），开展精准式结对共建，推动建设要素、活动资源向文化礼堂倾斜；礼堂"结亲"，促进文化内容下沉，通过举办大型"相亲会"、乡村文艺"路演"等主题活动，社会团体与农村文化礼堂签约"结亲"，实现资源共享，让一大批精品文艺项目走进文化礼堂；礼堂"结盟"，推动抱团共同发展，各乡镇创立农村文化礼堂联盟，通过节目联排、活动联办、队伍联建等形式，互建活动基地、共办节庆活动，实现资源共享、自我管理。

苍南推行品质积分管理，"管""放"有效结合，促进礼堂提质增效。苍南围绕"行政村全覆盖后，如何用好建成的农村文化礼堂"这一关键问题，通过"阵地共享、活动联办、队伍共育"的方式，发挥文广旅体局、文联等部门的职能作用，推出村歌欢唱月、礼仪展示月、才艺比拼月等"十二主题月"活动，实现文化礼堂"合家欢"，并实施农村文化礼堂品质积分管理制度，通过设置基本分、激励分、负面扣分等项目，将规定动作必须完成的"管"与因地制宜自行开展特色活动的"放"有效结合，进一步完善农村文化礼堂长效管理运行机制。

永嘉自主管理增活力，数字改革提效能。永嘉县针对"基础设施薄弱、使用效能不高"等问题，深耕地方特色、融入智能管理、创新服务品牌，着力打造农村文化礼堂建设2.0版，提高农村文化礼堂使用效能。积极探索"民建民办民享"机制，尊重群众的首创精神和主体地位，成立永嘉县文化礼堂发展促进会；深挖村庄底蕴，融合传统文化和现代文明，打造文化礼堂"1＋9"永嘉样本；建立"群星计划""春风行动""文体联合会"等工作机制，在队伍培育、活动策划、机制保障等方面不断发力，组建"红色＋宣讲"服务队，培育"红色＋扶助"服务项目，开展"红色＋实践"服务活动，创立每周一礼、每周一乐、每周一映为主的"星期天礼堂日"活动服务品牌；抢抓互联网发展机遇，依托"文明之嘉""宣传嘉"云平台，结合文化礼堂"翼眼"监控系统，打造"云大脑""云平台""云数据"，实现智能化分析、研判和管理。

泰顺以乡村文化为底色，打造"礼堂＋"共富大平台。泰顺立足"点多、面广、分散"的山区县工作实际，率先推行星级管理考核评定，全面施行总干事、文化大使"两年一聘"制度，实现礼堂建设资金优先保障，队伍结构不断优化，推动建设全覆盖，管理与日常活动常态化、长效化。通过培育文化礼堂"木偶戏剧场""赛事品牌""我们的村礼""我们的会客厅""我们的节庆""我们的非遗"等品牌活动，实现文化礼堂活力奔涌；通过培育"礼堂＋旅游""礼堂＋民宿""礼堂＋文创"等乡村业态，既建成了一批如大安大丘坪土陶礼堂、大洋非遗礼堂，泗溪廊桥礼堂、三魁卢梨红色礼堂、龟湖石雕礼堂等一大批特色礼堂，又将文化礼堂打造成乡村振兴主平台；通过开展最美礼堂、最美人物、最美礼仪等评比活动，让农民群众认识"最美"，宣扬"最美"，争做"最美"，使礼堂成为宣扬新风尚的主阵地。

文成解码地域文化基因，"礼堂＋村礼"助力物质精神共富。文成县深挖地域特色，解码文化基因，实现礼堂村村有特色，赋能"精神共富"。比如珊溪镇坦岐村文化礼堂依托红色文化基因，打造"红色坦岐·星火 1935"品牌；南田镇武阳村文化礼堂以整村作为建设主题，深挖刘基文化，建有武阳书院、刘基故居等特色馆点，吸引各地游客、学子研学观光；西坑畲族镇叶岸村文化礼堂，建设平民英雄馆，唱响德治好声音。同时，遴选"刘基锦囊""黄坦糖""玉壶笔架"等一批具有地方辨识度的村礼，助推"物质共富"发展。比如"来武阳，做村礼"，在武阳文化礼堂做村礼成为研学的重要组成部分；非遗传承人张克英将黄坦糖

"我们的村礼"：文成玉壶笔架

的制作工艺搬进文化礼堂，定期驻堂负责讲解制作流程；玉壶笔架的制作人胡植柱，利用海外宣讲员的身份，向海外传播村礼故事，让玉壶笔架"嫁"到海内外。

三、经验启示

温州文化礼堂建设工作始终坚持"以人民为中心，有用的文化礼堂好好建，建好的文化礼堂好好用"的原则，围绕"大门常开、活动常态、内容常新、队伍常驻"的工作要求，持续抓好落实，重点在制度保障、人才建设、内容供给、激励保障等方面加以突破，进而打通宣传群众、教育群众、关心群众、服务群众的"最后一公里"，打造温州对标看齐"重要窗口"目标定位的基础工程，成为新时代文明实践站、繁荣基层文化生活和助推乡村振兴的重要载体。

一是以机制建设为牵引，为文化礼堂提供坚实的制度保障。"经国序民，正其制度。"制度是定国安邦的根本，带有根本性、全局性、稳定性和长期性。第一，从"建管用育"一体化出发，制度建设先行，做好顶层设计。温州文化礼堂把制度建设纳入"十三五""十四五"总体规划、社会主义新农村和美丽乡村建设规划、公共文化服务标准化均等化等规划体系，出台了《关于2014年温州市实施农村"精神家园"工程 加强文化礼堂建设的实施意见》《关于2015年温州市深入推进农村"精神家园"工程 加强文化礼堂建设的实施意见》《2016年温州市文化礼堂建设工作实施意见》《2019年全市文化礼堂建设推进计划》《2020年温州市新时代文明实践中心和文化礼堂建设工作推进计划》等。第二，建立文化礼堂制度的"四梁八柱"，把文化礼堂建设纳入机制化、法治化轨道。温州文化礼堂把机制化作为推进文化礼堂的重要抓手，及时总结各地礼堂建设实践中的有效做法和成熟经验，构建科学完备的体系，制定、修订理事会制度、星级管理制度、"月月主题"制度、"礼事日"制度、"星期天礼堂活动"制度、最美文化礼堂人评选制度、标识亮灯制度等"七项制度"。

二是以人才建设为支撑，为文化礼堂提供丰富的人力资源。"功以才成，业由才广。"古往今来，人才都是富国之本、兴邦大计。要把文化礼堂的事业发展好，就要聚天下英才而用之。第一，打造引得好、留得住、用得好的人才政策平台。温州各地文化礼堂积极建立健全管理人员培训、激励引导政策，通过最美文化礼堂人等活动评比，鼓励人才下乡，乡贤回归。第二，打造一支想干事、能干事、干成事的人才队伍。温州各地经过多年探索，建立了"总干事"队伍、"八大员"队伍（"时政宣讲员、文体辅导员、文明督导员、科普指导员、文史保管员、法制协理员、舆情信息员、网络宣传员"）、"文化大使"队伍、"新青年下乡"队伍、"四千结对"队伍、"乡村艺术团"队伍等六支队伍，实现了"有人干事"和"干成好事"。

三是以内容建设为抓手，为文化礼堂提供有效的思想引领。内容建设是生命线。能否保持大门常开、活动常态、群众常来，关键在于我们能不能提供群众喜闻乐见的内容服务。第一，突出政治引领，围绕让党的创新理论"飞入寻常百姓家"这一目标，将习近平新时代中国特色社会主义思想宣传好、传播好。第二，践行主流价值，深化"民间道德奖"品牌载体，组织"最美家庭""最美邻里""最美人物"等系列评选，推动社会主义核心价值观走进群众、融入日常。第三，传承历史文化，持续打造"我们的村晚""我们的村歌""社区邻里节""企业之歌"等品牌活动，推进家风、乡风、民风建设，做到传好家风，树优民风。第四，彰显人文关怀，围绕弱势群体、空巢老人、留守儿童、企业新温州人等特殊群体，形成"有时间当志愿者、有困难找志愿者"的互帮互助机制，送温暖送关怀。

四是以数字平台建设为依托，为文化礼堂提供便民的服务通道。中国特色社会主义建设新时代，数字技术正以新理念、新业态、新模式全面融入政治、经济、文化、社会、生态文明建设各领域和全过程，给生产生活带来广泛而深刻的影响。推动公共服务数字化，建设数字云平台是促进全社会共享发展红利的必然选择。第一，坚持不断升级完善数字云平台功能。温州各地文化礼堂数字平台逐渐整合手机端App和微信小程序、微信公众号、网站、党报阅报屏等，建成"宣传嘉"云平台，实现了"一个平台，多屏联动"的效果。第二，坚持不断集聚各种数字资源。温州各地文化礼堂数字平台打通"志愿汇"和文旅局文旅资讯等平台资源，将文化、高校、工会、司法、共青团、妇联、科协等单位资源集聚整合起来，形成优势互补，共建共享。第三，坚持持续推动供需精准对接。温州各地文化礼堂数字云平台坚持以群众关注点和满意度为指向，通过平台大数据分析，提供优质服务项目，调整群众黏性差、评价低的项目，实现了群众的"需"与政府的"送"精准匹配，打通了服务群众"最后一公里"。

四、未来展望

"十四五"时期，温州将继续认真学习贯彻习近平总书记在浙江考察时的重要讲话精神，主动对标浙江省高质量发展建设共同富裕示范区的新目标新定位，在基层宣传思想文化阵地建设方面继续走在前列、探索创新。在"十三五"时期形成的有效做法上，持续深化"7651"管理运行体系，探索文化礼堂数字化改造、特色提升等工作，开启建设优势转化为效能优势、效能优势转化为发展优势的新征程。

一是深耕"7651"管理运行体系。温州重点在资源整合、队伍建设、日常管理、内容供给等方面加以突破，成功打造了"七项制度、六支队伍、五大内容、一个平台"的"7651"管理运行体系。下阶段，温州将通过开展文化礼堂专项督查等方式，严格落实管理运行制度；加大队伍培训培育，增强队伍管理水平；深化内容提升，确保内容高质量精准供给；擦亮"宣传嘉"品牌等方式，高水平持续推进文化礼堂"建管用育"一体化、宣传思想文化阵地的效用最大化，推动文化礼堂成为繁荣基层文化生活、助推乡村振兴、实现共同富裕的重要载体。

二是强化文化礼堂数字赋能。温州紧紧抓住数字化改革契机，率浙江省之先，开展文化礼堂数字化改革。乐清"惠民服务指数"做法在浙江省农村文化礼堂2.0版建设暨新时代文明实践中心建设工作现场会上作典型发言。下一步，温州将继续以数字化改革为牵引，充分运用数字化技术、数字化思维、数字化认识，全市文化礼堂从硬件到软件、从内容到功能、从管理到运行，全方位推动系统重塑、整体智治。打造"宣传嘉"数智大脑，在各地配备智慧中枢和数字驾驶舱，逐步形成"全局一屏掌控、指令一键智达、执行一贯到底、服务一网即办、监督一览无余"的数字化工作场景。依托数字化平台驾驶舱，实时测评市、县、乡、村文化礼堂使用效能，即时直观呈现全市各地礼堂运行情况，各个文化礼堂逐步拓展信息发布、广播摄像、视频监控功能，做到组织上入网、运行上入网、活动上入网，加强日常精确管理、精密智控。

三是深化特色文化礼堂创建。近年来，温州积极探索建设书香文化礼堂、文旅产业融合文化礼堂等特色化礼堂建设，打造"一村一品、一堂一色"。比如，瑞安市塘下镇邵宅文化礼堂、永嘉县岩坦镇早安文化礼堂列入浙江省书香文化礼堂试点，龙湾宁村墨香文化礼堂建设打造"浙江书法村"，永嘉上烘头村红色党史文化礼堂打造党性教育红色基地，瑞安曹村镇文化礼堂传承花灯文化技艺，泰顺库村文化礼堂致力打造创新传统戏曲平台，这些都成了当地的文化地标、乡村客厅，有的甚至成了"网红打卡点"。下阶段，温州计划将特色文化礼堂建设试点工作全面铺开，围绕"书香""红色""墨香""活力""古韵""律动"六大主题，打造符合当地文化特征的特色文化礼堂，为群众提供特色化、品牌化、精准化文化服务。

湖州：打造"幸福八有"文化礼堂

根据省委、省政府的统一部署，湖州市2013年启动农村文化礼堂建设，围绕"建管用育"一体化，突出"文化礼堂·幸福八有"主题，把握重点、统筹推进、狠抓落实，努力把农村文化礼堂打造成农民群众的活动公园、文化乐园和精神家园，彰显"在湖州看见美丽中国"的人文内涵，为加快建设绿色低碳共富社会主义现代化新湖州提供了文化支撑和精神力量。

一、建设概况

湖州市委、市政府高度重视农村文化礼堂建设工作，坚持一张蓝图绘到底，与美丽乡村建设同步规划、同步建设、同步考核、同步表彰，连续多年列入市政府十大为民办实事项目。经过近十年的探索与实践，湖州以"行政村建设全覆盖、智慧化管理全覆盖、点餐制服务全覆盖、专职化队伍全覆盖"为目标，以数字化改革为牵引，推进农村文化礼堂2.0版建设，打造3个农村文化礼堂建设示范区（县），建成农村文化礼堂910家，2021年底实现500人以上行政村全覆盖，获评省级五星级文化礼堂73家、市级四星级文化礼堂51家、区县三星级文化礼堂247家。

二、特色亮点

湖州是"绿水青山就是金山银山"理念的诞生地，是中国美丽乡村的发源地。2013年以来，湖州市围绕"建管用育"一体化，把文化礼堂建设融入"在湖州看见美丽中国"城市品牌，在建有特色、管有力度、用有实效、育有水平上实现新提升，打造了独具湖州辨识度的文化礼堂特色品牌。

1. 十年磨一剑，笃定文化礼堂建设路径

一是夯实文化"八有"启蒙版。2009年，湖州市实施农村文化"八有"保障工程（即人人有演出看、有电影看、有广播听、有电视看、有书读、有报读、有文体活动室、有室外文体活动场所），用3年时间实现行政村文化"八有"全覆盖。2012年，湖州市建起150个农村大舞台，常态化开展"文化走亲"活动，丰富和满足农村居民日益增长的文化需求，为文化礼堂建设奠定了基础。

二是建设"幸福八有"普及版。2012年，浙江省吹响了建设农村文化礼堂的号角。湖州市出台《关于推进农村"文化礼堂·幸福八有"建设的实施意见》（湖委办〔2013〕42号），通过3年努力，使全市300个行政村达到有文化礼堂、有展示展览、有文体团队、有文化走亲、有礼仪传习、有素质培训、有村规民约、有长效机制的"幸福八有"

长兴县虹星桥镇郑家村文化礼堂

要求，打造"希望田野""山村印象""农园新景""太湖风情"四条特色示范带，将文化礼堂由点到面、从小到大、"盆景"变"风景"，呈现农村文化建设亮点。安吉县紧扣"绿水青山就是金山银山"理念，以美丽乡村建设一村一景打造文化礼堂"一村一韵"特色品牌，建成50余家地域特色文化展示馆。南浔区把"最美家风"广泛植入农村文化礼堂这一主阵地，家风家规家训长廊、家风墙蔚然成风。德清县探索"礼堂＋道德银行"，是文化"八有"向乡风文明逐步拓展的生动实践。

三是打造"提质增效"升级版。结合新时代文明实践中心建设，先后出台《湖州市农村文化礼堂建设全覆盖三年行动计划（2019—2021年）的通知》《湖州市农村文化礼堂建设管理奖补办法的通知》和《湖州市农村文化礼堂建设提质增效十条措施》等文件，持续推动建设重点从设施向内容提升，从资源分割向资源整合提升，从自建自评向达标验收提升。2022年，湖州市坚持把文化礼堂建设融入"浙江有礼·湖州典范"市域文明新实践，作为在农村倡导"浙风十礼"主阵地，开设"有礼讲堂"，开展"有礼"实践活动1.2万余场，惠及群众120万余人次，农村优秀文化得到传承，文明乡风得到弘扬，农民素质得到提升。

2. 引得凤凰来，完善文化礼堂管用体系

一是筑牢培根铸魂主阵地。文化礼堂是最贴近老百姓家门口的"红色阵地"，通过引进"青媒思想课""王金法广播""浔先讲""德清嫂""老施来了"宣讲团等地域特色理论宣讲队伍入驻，采取故事宣讲、文艺宣讲、"微党课"等形式，广泛开展"青年巡回宣讲活动"，开展"忆党史·守初心·建窗口""千场党课下基层"等活动，讲好"两山"诞生地的故事，讲好湖州百年党史、红色故事，每年组织理论宣讲活动进农村文化礼堂3800余场，让党的创新理论"飞入寻常百姓家""飞入青年心坎里"。吴兴区潞村文化礼堂开展馆校共建的潞村丝绸文化礼堂和研学实践教学活动，红色文化礼堂筑牢理想信念根基。

二是拓宽文化供给主通道。充分发挥领导小组成员单位积极性，广泛发动社会各界力量，在丰富宣传宣讲、文化文艺等数字内容供给的基础上，结合党史学习教育"我为群众办实事、我为企业解难题、我为基层减负担"专题实践活动，把为群众提供教育、医疗、养老、体育等各种便民惠民服务送进农村文化礼堂。2022年，市、区县两级征集惠民服务菜单5000余项。多年来，湖州市围绕红色文化、传统文化、最美文化和休闲文化，依托"星期日活动"载体，组织开展"我们的家训""我们的榜样""我们的节日""我们的村晚"等系列活动，广泛开展"民俗闹春、文化伴夏、秋季放歌、美德暖冬"四大主题活动，举办"跳排舞、唱村歌、颂村训、送村联"四大赛事，推动文化礼堂活动的常态化，每年开展各类文体活动2000余场，民俗礼仪活动1000余场。

三是打通科学管理主路径。建立文化礼堂管理人员标准化配备及待遇保障机制，全面推行"1＋N"管理队伍模式，实现专职管理员与志愿者服务全覆盖，构建市县乡村"一体化"工作模式。坚持开门办礼堂，完善"政府主导、社会协同、群众参与"的工作机制，通过购买服务、企业捐赠、公益众筹等形式开展服务实现"以堂养堂"新模式，参与农村文化礼堂常态长效发展，推动专业力量参与礼堂建设、内容供给、人才培育，探索打造"专业管家团"，214家公益组织和145名社会贤达驻堂服务，提升"造血"功能和内生动力。如结合新时代文明实践中心建设，在市辖区试点购买社会组织入驻百家农村文化礼堂，突出培育和引导志愿服务组织入驻。长兴县"春雨工程"志愿服务项目入选浙江省公共文化示范项目名单，2018年起每年对文化礼堂志愿者开展2场培训考核。

3. **乘风破浪时，创新文化礼堂运行机制**

一是人才队伍不断加强。目前，湖州市活跃在城乡的基层文体团队有1600余支，每个文化礼堂都配有6支以上的文体团队和1名专（兼）职管理员。全面推行志愿者驻堂制度，400 名专家指导团成员，5000 名文化志愿者各展所长，积极参与文化礼堂的资料收集、设计建设、活动策划、礼仪辅导和日常管理。德清县创新文化礼堂"文化管家＋星期天艺术家"模式，为每个礼堂配备一名文化管家，有力保障门常开、活动常办、群众常来。

二是自我管理不断完善。湖州从 2014 年开始探索开展农村文化礼堂理事会负责制，目前已经在文化礼堂全面建立理事会负责制，农村群众自我组织、自我管理的成效已逐渐显现。实施星级礼堂管理机制，鼓励引导礼堂逐级争创，全市三星、四星和五星级礼堂完成梯队培育。充分挖掘乡贤文化，鼓励乡贤参与农村文化礼堂村规民约制定、村训提炼、村歌创作、文化礼堂管理、文化活动策划等工作，建立开放参与的乡村治理机制。

三是数字赋能不断显现。按照"小切口、大场景"要求，围绕农村文化礼堂使用效能的提升，依托新时代文明实践中心云平台系统，建成全市农村文化礼堂智慧管理系统，并接入"礼堂家"。通过智慧管理，全面展示各个文化礼堂风采和礼堂之星，推动实现礼堂服务点餐、在线收听礼堂歌声，管理人员实现动态管理。长兴县自 2014 年起探索整合 40 多家部门的"文化点餐制"，听取意见建议 500 多条，改进服务项目 23 个，年均开展送餐 900 多场。2021 年湖州市首批 918 场"文化点餐"活动一上线就被"秒杀"，获得了群众的欢迎。2022 年我市首次尝试"礼堂家"点餐上线服务，目前已有 2000 余场正上线点单中，并实时更新"礼堂日"活动成效。依托"礼堂家"实施亮单、点单、送单、评单等闭环动态管理，实现精确分析、精准匹配、精细服务。探索建立服务质量反馈机制，让群众通过智慧平台对服务内容满意度进行评价。

四是财力保障不断加大。根据《湖州市农村"文化礼堂·幸福八有"建设五年规划》的要求，自 2013 年开始，市财政每年安排不少于 300

万元专项资金，通过以奖代补的形式，扶持吴兴区、南浔区文化礼堂建设，累计投入3600多万元。各区（县）、乡镇党委政府也把农村文化礼堂建设作为"强基层基础"的重要内容，如2021年南太湖新区出台《湖州南太湖新区农村文化礼堂专项资金管理办法》，加大对农村各项建设的整合力度，引导相关专项资金向文化礼堂倾斜。同时，动员企业和社会热心人士贡献力量，发动各级文明单位支援结对共建村，多方筹措资金，为农村文化礼堂建设和运行提供资金保障。

三、经验启示

1. 坚持一脉相承、与时俱进，农村文化礼堂更具生命力

十年来，湖州市始终把农村文化礼堂建设作为民生实事项目来抓，围绕"不断满足农民群众日益增长的精神文化需求"这个目标，从开展"有演出看、有电影看、有广播

德清县康乾街道联合村文化礼堂
"我们的共富集市"垃圾分类小游戏场景

听、有书读、有报读"等农村文化"八有"保障工程，到实施"有文化礼堂、有展示展览、有文体团队、有文化走亲"等"文化礼堂·幸福八有"工程，再到当前探索推进以数字化改革牵引为标志的文化礼堂2.0版建设，农村文化礼堂从无到有、从有到优，不断适应新形势新变化新需求，受到农民群众普遍认可和广泛欢迎，为全面推进乡村振兴提供了有力的文化支撑和精神动力。实践证明，农村文化礼堂建设是一个不断探

索、深化认识的过程，只有顺应时代发展和群众需求变化，在政策导向上始终与时俱进，在活动内容上做到常办常新，在服务方式上实现精准触达，才能更好地保持其旺盛的生命力。

2. 坚持抓牢主业、以文化人，农村文化礼堂更具感召力

十年来，湖州市始终坚守"文化礼堂 精神家园"的定位，把农村文化礼堂建设的出发点和落脚点放在提升农村群众的思想道德和科学文化素质上，不断丰富"文化礼堂＋"建设内涵，广泛开展村歌教唱、家风互评会、好人故事会、乡村村晚、礼仪传习等群众喜闻乐见的活动，还在具备家宴功能的文化礼堂因势利导推出"新风家宴""清廉菜单"，着力推动移风易俗，努力让每一个文化礼堂的"文礼味"浓起来。实践证明，农村文化礼堂建设是一个外化于行、内化于心的过程，只有坚持"文化礼堂"的外在形式和"精神家园"的内在实质相统一，持续打造农村精神富有的实践地、转化地、涵养地，才能真正体现其在便民中育民、在引领中聚心的感召力。

3. 坚持资源整合、长效保障，农村文化礼堂更具持续力

十年来，湖州市始终坚持硬件与软件并重、队伍与制度并建，整合市、区县、乡镇三级力量精准配送"礼堂菜单"，整合新时代文明实践站所、幸福邻里中心、儿童之家等阵地资源合力构建"服务集群"，探索推行"礼堂理事会""文化众筹""乡贤驻堂""以堂养堂"等运管机制，努力让有专业的人来管理运维、用心的人来策划组织、热心的人来参与推动，不断提升农村文化礼堂"建管用育"水平。实践证明，农村文化礼堂建设是一个各方共建、多方共赢、全民共享的过程，只有探索创新政府引导扶持机制和市场化运作模式，让丰富资源得到最大化利用，才能真正走上"大门常开、活动常办、群众常来"的可持续发展之路。

四、工作展望

从湖州市农村文化礼堂建设多年的实践来看，工作是扎实的、措施是有力的、成效是显著的，但同时也应该看到，离满足农村群众日益增长的美好生活需要还有一定差距。下一步，湖州要结合实际，贯彻落实乡村振兴战略，以数字化改革为牵引，以《实施浙江省农村文化礼堂效能提升十大举措》为总体要求，按照"提质扩面、常态长效"的工作思路，不断提升文化礼堂"建"的力度、"管"的强度、"用"的热度和"育"的深度，聚焦提升"四个因子"，扎实推进长效机制建设，真正使农村文化礼堂成为缩小城乡差距的精神家园、新时代文化建设的标杆样本。

1. 着眼提升基础因子，向规范引领要效能

聚焦文化礼堂设施、队伍、投入等情况，以"三个着力"夯实工作根基。一是着力完善礼堂功能。以实施文化礼堂2.0版建设为抓手，对"低配版"礼堂进行"一村一策"的改造提升，研究制定财政补助政策，对布局不合理、功能不达标的礼堂进行整改提升。二是着力建强管理队伍。全面推行管理队伍"1＋N"模式，培育组建一批专职、专业、专心的村级文化管理队伍，优化管理员绩效考核机制，充分调动其工作积极性主动性。健全完善理事会制度，纳入星级文化礼堂申报评选刚性条件。三是着力拓宽投入渠道。积极探索文化礼堂市场化运行模式，鼓励基层建立新时代文明实践基金，支持通过购买服务、社会捐赠、公益众筹等形式开展服务。注重发挥群众主体作用，让他们在支持参与中提升感知度认可度。创新文化礼堂保障机制，有条件的村可积极探索"以堂养堂"新模式。

2. 着眼提升活跃因子，向优质供给要效能

聚焦文化礼堂的活动开展、内容供给，以"三个强化"提升礼堂活跃率。一是强化优质资源整合。进一步整合优化市、区县各级有关部门资源，完善涵盖宣讲、法治、科技、教育、文化、卫生、体育等多领域的惠民服务项目"大菜单"，推动优质服务资源向文化礼堂集聚。二是强化智慧平台管理。未来社区、未来乡村建设为重点，广泛利用"礼堂家"文化礼堂智慧管理平台，完善"点餐制"服务，实行亮单、点单、送单、评单等闭环动态管理，确保文化礼堂"大门常开、活动常态、内容常新、队伍常驻"。三是强化精准对接配送。依托智慧管理系统，深化点单派单机制，强化数据分析研判功能，客观分析参与群众的年龄结构、点单类型、活动喜爱度等，科学预测群众对服务内容、活动内容的需求期待，定向提供群众心仪的内容项目，实现精确分析、精确匹配、精细服务。

3. 着眼提升影响因子，向品牌培育要效能

聚焦文化礼堂的经验、品牌、宣传等情况，以"三个注重"扩大影响力。一是注重品牌提升。推动文化礼堂内容与数字化技术的有机嫁接，打造"礼堂品牌集群"。持续深化"我们的节日""我们的村晚""我们的村运会""我们的村礼"等系列活动，探索夏季晚会、云上晚会等新模式。聚焦文旅融合、文产融合，推行"一村一品、一堂一色"，挖掘培育一批"书香""古韵""创意"等特色文化礼堂和一批赋能共同富裕引领计划的宣传教育、体制机制等方面的精品项目。二是注重团队培育。大力培养文艺骨干，每个文化礼堂有相对常驻的志愿服务队伍，有多支群众性文体活动队伍，力争群众文体队伍入围上级组织的比赛或演出。积极引入社会专业力量和民间组织，参与礼堂常态长效发展，提升"造血"功能和内生动力，培育宣传省市最美文化礼堂人。三是注重展示宣传。总结推广各地农村文化礼堂建设的创新经验，开设"农村文化礼堂

巡礼""礼堂日"等专栏专题，加大农村文化礼堂"建管用育"各方面好做法好经验好成效的宣传力度，多在中央和省市级主要媒体上作宣传报道，多承办上级单位主办的公共文化服务活动。

4. 着眼提升评价因子，向群众感知要效能

聚焦文化礼堂的群众评价，以"三个拓宽"提升农民群众的获得感、幸福感、安全感。一是拓宽空间全域建。坚持一堂多点、串点成线，有机整合各活动功能室，让农民群众就近就便参与文化活动。针对山区农户分散、合并村集聚中心多的特点，在自然村分设一批功能性文化设施场所，让更多人感受到公共文化服务就在身边。二是拓宽内涵全程育。始终把以文化人、以德育人贯穿于礼堂建设的方方面面，切实把弘扬最美风尚、倡导良好家风、培育文明礼仪、发展乡贤文化等任务落细落小，真正让文化礼堂成为"凝神聚气"的地方，让农民群众"身有所栖""心有所寄"。针对以酒宴功能为主的礼堂，设置礼俗准入标准、坚决遏制铺张浪费，建成移风易俗的实践地。三是拓宽服务全民享。统筹推进农村文化礼堂和新时代文明实践中心的深度融合，做到优势互补、共建共享。特别是要坚持"群众的需求在哪里，我们的服务就跟进到哪里"，深化"家园志愿服务计划"，建好"6＋N"家园志愿队伍，打造志愿服务项目品牌，健全志愿服务运行体系，以党员干部示范带动更多群众加入，逐步构建"志愿服务人人参与、文明实践处处可为"的生动局面。

嘉兴：建设"两员"队伍　做好文化礼堂"管"字文章

农村文化礼堂是激发乡村文化活力、推动乡村振兴的重要载体，也是培育精神家园、促进精神富有的民生工程。自2013年浙江省启动农村文化礼堂建设以来，嘉兴深入贯彻落实党中央和省委、省政府决策部署，大力弘扬伟大建党精神和红船精神，笃定实干之志、厚积分秒之功，从试点先行到全面推开，从星星之火到形成燎原之势，走出了一条适应时代要求、顺应群众期盼、具有嘉兴特色的建设路径，为奋力打造"重要窗口"、高质量发展建设共同富裕示范区作出嘉兴贡献。截至2022年11月底，累计建成农村文化礼堂790家，2019年在全省率先实现农村行政村全覆盖。

一、建设现状

建设农村文化礼堂是加强和改进基层思想政治工作的一大创举。嘉兴坚持一个声音"贯到底"、一个步调"走到底"、一张蓝图"绘到底"，持之以恒推进文化礼堂"建管用育"一体化建设。截至2022年6月底，累计提升农村文化礼堂281家，建成社区文化家园324家、企业文化中心145家、城市文化公园61家，拥有五星级农村文化礼堂105家、四星级农村文化礼堂206家，建设省级示范县（市、区）4家、示范镇（街道）22

家，投入19.69亿元建设资金，实现全市文化礼堂年运行经费不低于10万元，建立起文化下派员、文化专职管理员队伍1200多人，带动培育5000余支村级文艺团队、4570支志愿服务队伍，每年开展文化活动3.5万场次，惠及群众超130万人次。

二、特色亮点

一是四管齐下建机制，助力礼堂持续增效。加强日常管：建立日周月季年"五步考评法"，即每周督查暗访，每月"互看互学互比互评"，每季邀请代表、委员实地评议，每半年召开推进会，年终举办擂台比拼赛，常态化增强意识、压实责任。每月随机抽取一乡镇（街道）3个村的文化礼堂召开现场会，为创建省级文化礼堂建设示范县（市、区）、示范乡镇（街道）夯实基础。推广群众管：引入社会化评价机制，建立以群众满意度为主要参数、以服务供给为主要依据、以第三方评估为主要方式的测评体系，开展4年来共听取吸纳群众意见建议1400余条，助力管理改革创新。落实专人管：在浙江省率先实施"两员"制度，建立起覆盖城乡的市、县、镇、村四级宣传文化队伍，彻底打通公共文化服务"最后一公里"。72名镇级文化下派员、1176名村（社）文化专职管理员以及113名企业文化员，有效激发了农村文化创造活力，为农村文化礼堂运行和管理提供有力的人才支撑。

二是五色礼堂呈特色，打造礼堂最美风景。革命红色光彩夺目：发挥嘉兴作为"红色根脉"的政治优势，围绕"建红色礼堂、融红船精神"，把红色文化资源丰富的文化礼堂培育为爱国主义教育基地。推广"李家播报"等模式，深化"红船微党课"等品牌，每年组织开展宣讲2.5万余场，现场受教育群众超100万人次。经济蓝色澎湃汹涌：发挥文化礼堂作为文旅融合"金名片"优势，发起"我在文化礼堂等你"系列活动，发布全市7条最美文化礼堂精品线，打造一批"网红打卡点""人气集聚地"。金色生活温暖人心：发挥嘉兴公共文化服务标准化、均等化优势，打通"文化有约""志愿汇"等平台，依托"网格连心、组团服务"机制，每年开展惠民活动3.5万余场，服务群众130余万人次。特别是抗击新冠肺炎疫情期间，上线全国首个公益互动心理服务平台"嘉兴心理抗疫平台"，为群众戴好"心灵口罩"。文化青色精彩纷呈：发挥"勤善和美、勇猛精进"新时代嘉兴人文精神深入人心优势，持续五年开展文化礼堂"最美"系列评选，培育人物、团队、活动、机制等"最美"典型，推动文明风尚传播活动。生态绿色沁人心扉：发挥嘉兴资源禀赋和城乡一体化发展优势，举办"云端文化礼堂拍客行""文化礼堂相册——100个瞬间"主题摄影大赛等活动，展现美丽乡村文化新地标。

三是特色模式活力显，赋能礼堂精神家园。制定《农村文化礼堂建设五年规划》，编印嘉兴市农村文化礼堂建设工作操作手册，因地制宜打造农村文化礼堂"一村一品、一堂一色"。将空间、活动、队伍、社会资

海盐县永庆村文化礼堂

源拧成一股绳，发挥两者最大优势，积极探索可推广、可复制的礼堂"自治管理"模式，多项举措在全省得到推广。比如海宁市桃园村推出"每人一把礼堂钥匙"，村民可以自由使用文化礼堂，开启村民自主管理新模式；海盐县得胜村独立法人理事会制度激活了礼堂自治发展，从组织形势政策宣讲、提供科教卫服务到承接政府部门委托服务无一不通；西塘桥街道建立起年均不少于50万元的镇级农村文化礼堂基金。

四是常态长效一并抓，让礼堂"用"有温度。从菜单式服务到阵地式服务，如嘉兴市卫生健康委推出"健康知识普及行动""中医药健康文化进村文化礼堂活动"，通过"我在农村文化礼堂等你"活动，快速推进"以治病为中心"向"以人民健康为中心"转变。2021年底已实现健康讲座、健康活动、健康服务等健康素养进农村文化礼堂工作全覆盖，将健康素养进农村文化礼堂活动变成常态化工作，经过开展健康素养进农村文化礼堂活动，大幅度提升了我市农村居民的健康素养，2021年健康素养监测结果显示已达到36.1%，高于浙江省平均水平3.02个百分点，为高水平推进"健康嘉兴"建设打下了坚实基础。从运动式服务到项目化服

嘉兴市秀洲区新城街道木桥港村文化礼堂"老年识字班"

务。如在书香文化礼堂建设中，积极推广"阅动全家 书香嘉兴"项目，广泛开展阅读分享，常态化开展亲子阅读、读书沙龙、诗歌朗诵等书香进文化礼堂系列活动，使书香文化礼堂成为群众知识补给的"能量站"。

三、经验启示

一是坚持以人为本。把建设农村文化礼堂作为检验党员干部是否把群众放在心中最高位置的"试金石"，让礼堂大门常开、活动常态、群众常来，不断提升群众幸福感获得感。新建文化礼堂时突出村与村之间均衡，选择交通便捷、人员集中、人气较旺的地方建设。改造、扩建也遵循有利于服务群众、凝聚人气的原则，根据当地经济条件、人口规模、群众需求等方面因素，分类推进。在文化礼堂中送活动、服务，以群众需求为导向，注重老百姓需求的多样性及可及性，变"我来送"到"群众选"。

二是坚持建强队伍。文化礼堂建设既要靠活动聚人气，更要靠队伍强活力，盘活各类人才资源是文化礼堂源源不断的内生动力。不断提升"两员"队伍活力，首先要配齐"两员"队伍，充分发挥"两员"在日常管理、活动开展等方面的统筹协调作用，使文化礼堂日常活动运转好。其次要提升"两员"素质，加强教育培训、强化专职属性。再次要打通"两员"晋升通道，体现专业专长、制定考核标准、提高岗位待遇，探索"两员"成长通道，使队伍充满生机活力，着力激发农村文化礼堂的内生动力。

三是坚持制度引领。农村文化礼堂是一项需要常抓常新的工作，必须有切实管用的制度作保障，有效地提高"建管用育"一体化水平。强化激励考核，将农村文化礼堂建设工作纳入全面从严治党主体责任和意识形态工作责任制落实情况检查，纳入宣传思想文化工作、美丽乡村建设等相关评价体系，建立常态督查通报机制和激励机制。引入社会评价机制，建立完善以群众满意度为主要参数、以内容建设和使用情况为主要依据、以第三方评估为主要方式的礼堂活跃指数测评体系。发挥财政资金杠杆作用，进一步激发礼堂工作动力，丰富文化礼堂内容服务，提高服务针对性与成效性。

四是坚持城乡融合。2020年，嘉兴乡村振兴综合评价列浙江省第二，7个县（市、区）全部列入"中国城乡统筹百佳县市"，农村居民人均可支配收入已经连续18年位居浙江省第一，城乡居民收入比1.6：1，所有村集体年经常性收入超过120万元，城乡融合发展走在全国前列。在这样的背景下，坚持农村文化礼堂与社区文化家园相辅相成，资源共享共通，突出思想引领、道德教化、文明倡导、文化熏陶，着力构筑城乡群众开展文化活动、接受文明洗礼、丰富心灵世界、共享美好生活的精神文化家园。

四、探索新机制

嘉兴把"礼堂走心·农村种文化行动"作为"精神富有·润心在嘉"十心行动之一，从体系、问需、供给、培育和参与等方面探索工作新机制，推动文化礼堂资源利用最大化，着力把文化礼堂打造成为理论普及的"红色殿堂"、技能提升的"村民学校"、幸福生活的"文化乐园"、文创人才的"孵化基地"。

一是系统重塑，健全工作的闭环机制。转变力量组成，从宣传文化部门单一主办向拓展多元途径、引入多方力量转变，形成市、县、镇、村纵贯到底、各负其责的四级体系，建立党委政府、社会专业机构、企事业单位、村（社区）礼堂资源汇聚、共建共享的四方联盟。转变动力来源，明确各层级职责分工，从上级部署推动向基层主动作为转变，突出礼堂建设在镇村干部绩效评价中的分量，提高镇村干部对文化工作的重视程度，将精力、资源更多引向文化建设。转变考评导向，从关注硬建设向软指标转变，突出礼堂使用效率和频次、活动参与率、群众满意率等指标，形成更为科学的礼堂"建管用育"成效评价体系，纳入各级领导班子责任制考核。规范对"两员"队伍和社会化机构绩效评价，让群众评分评定礼堂星级，评选最美礼堂和礼堂人。

二是信息精准，健全问需的开放机制。多渠道、多途径，分类分众采集社情民意，精准掌握村民意见需求。常态化采集信息，用好"两员"队伍、基层网格员等力量，联合综治、农业、民政、妇联等部门，重点关注"一老一少"，经常性深入村民了解民情、掌握民意。如海盐县于城镇何家村探索建立文化联户机制，将全村划分为80个微网格并分别选定一名文化中心户，每名中心户联系3—12户不等的村民联户网络，常态化走访了解村民文化需求。专业化调研分析，依托第三方机构，定期开展电话和网络问卷调查，大规模收集分析村民对礼堂的意见诉求，为优化礼堂服务提供重要参考。如嘉善县面向115家礼堂开展线上问卷调查，共回收13537份有效问卷并形成分析报告。数字化精准问需，加快推动"文化礼堂 精神共富"等应用场景全面贯通，鼓励引导村民在线填报问题需求，通过大数据实现"定性＋定量"精准分析。

三是配置优化，健全供给的多元机制。坚持主导供给，各级党委政府全面落实意识形态工作责任制，以学习宣传习近平新时代中国特色社会主义思想为根本任务，常态化开展学习宣传活动，切实管好导向、管牢阵地、管住队伍。加大社会供给，引入第三方民办非企业机构，以政府购买服务方式专业运营，推动礼堂资源配置优化、使用效能提升。如嘉善县实现9个镇（街道）社会化服务引进100%全覆盖，特别是魏塘街道魏中村礼堂每年完成中大型公益活动48项、文化活动400场次，引育文化队伍15支，服务村民18万人次。创新联盟供给，开展"四方联盟"结对活动，发挥各方主动作用，通过开放礼堂功能室，开展共建活动，推动实现优势互补、资源整合、惠及礼堂。鼓励基金供给，倡导文明单位、爱心企业、乡贤人士等捐赠成立礼堂基金，以服务比拼、公益创投等方式培育精品项目。如南湖区探索募集社会资本85万元成立礼堂基金，挂靠专业教育基金会管理，目前培育礼堂项目12个、投入基金33万元。

四是人才赋能，健全成长的链式机制。做好"孵化"文章，积极鼓励符合条件的本地青年创业团队、初创文化服务机构和文化人才入驻礼堂，通过政策扶持进行重点孵化培育，帮助其发展壮大。做好"加速"文章，对孵化培育后成长快、潜力大的团队或机构，进一步加大支持力度，加速发展，形成良性循环、示范效应。如桐乡市河山镇石栏桥村礼堂为非遗传承人沈学章创造发展平台，建立"麦语轩"麦秆画馆，通过艺术创新把廉价麦秆变成附加值更高的艺术作品，助力乡村振兴。做好"反哺"文章，对培育壮大后能开展相关活动和服务的团队或机构，要求每年为村民供给一定数量的公益活动、培训活动、志愿服务等，实现资源反哺。如海盐县武原街道探索建立"易空间 U课堂"礼堂公益服务模式，招募52家小微文化企业、文化类社会组织入驻培育，累计举办文化活动千余场。

五是活力激发，健全参与的内生机制。创设"文化积分＋便民服务卡"模式，鼓励村民通过参与礼堂活动刷卡消费获得积分，享受场地优先权、课程抵用权、实物兑换权等权益。创设"限额收费＋免费培训"模式，以婴幼儿教育、青少年培训为重点，推出非学科类低收费普惠培训班，更好地满足村民高质量、高频次、针对性强的培训需求，通过养成消费习惯引导村民积极参与礼堂活动。创设"场地提供＋技能培训"模式，与人社部门、职业院校开展合作，利用礼堂场地面向村民开设各类技能培训班，鼓励考取职业技能证书，真正打造"农民大学"。

五、未来展望

一是打造实践新思想阵地。探索解决现有资源利用率不高、优质资源供给率不够、资源分配不均等问题。建立机关党组织、文明单位、志愿团队、文联相关协会等与文化礼堂"结对共建"活动，通过活动共建、队伍共育、资源共享等推动。通过激活理论资源、整合公共服务资源、下沉优质资源、共享互补综合资源，最大限度地发挥资源的综合使用效应；追求覆盖面和实施项目效果的最大化，探索文化管理员、志愿者发挥作用持续性、制度化安排，产生一人、一地引领带动一大片的"乘数效应"；注重务实平实扎实，强化百姓"点单"、礼堂"接单"、群众"评单"相贯通的供需对接，精细化涵育文明乡风、良好家风、淳朴民风。

二是擦亮共同富裕窗口。深入挖掘乡土文化根脉，进一步加强农村传统文化保护利用，在建设提升过程中充分汲取乡土文化的养分，将礼堂的建设与美丽乡村、景区村庄结合起来，与乡村建设融为一体。在长效管理中，强化品牌与品质意识，不断深化已有的"我们的"系列活动品牌，不断培育新的品牌，注重将非遗文化、传统民俗与现代活动载体紧密结合起来，打造特色文化礼堂，每年在礼堂星级评定过程中特别是五星级、四星级评定中突出特色性、辨识度内容。围绕环境"美"、产业"旺"、活力"足"、风尚"好"、韵味"浓"、服务"优"、价值"高"、机制"畅"，绘就共同富裕大场景下新时代美丽乡村新图景，突出以人为本、生态优先、城乡融合、共创共享，努力为全国推进乡村振兴和全体人民共同富裕贡献更多的礼堂力量、提供更多的礼堂素材，率先走出一条城乡融合、共富共美的新路子。

三是强化数字赋能治理。把数字建设纳入重点任务，以老百姓的需求为出发点，让数字赋能乡村治理，进一步加大智慧应急、智慧养老关爱等的力度，利用互联网技术对有限的资源进行集成展示、线上推广、精准配置，充分运用大数据和人工智能为文化礼堂赋能，运用好"礼堂云"，更精准地了解群众需求和对接服务，更好地展示礼堂内的故事，不断扩大文化礼堂的影响力，让乡村更有"精气神"，让古村落真正"活起来"，让乡土文化"传下去"，加快实现精神共富；推进乡村治理体系和治理能力现代化，有效防范化解重大风险，建设"四治融合"的善治乡村，不断提升广大人民群众在数字乡村建设中的获得感、幸福感、安全感。

四是推动公共服务集成。持续把高质量的基础设施、公共服务从城市延伸到农村，在城市群内部的城乡之间实现基础设施一体化、公共服务均等化，让城乡比较优势充分发挥，共同迈向新的发展台阶。加强统筹协调，加快补齐短板，推动教育、医疗、文化等优质服务资源向乡村下沉，从更高水平、更高层次、更广领域提升公共服务水平；加强制度创新，充分利用数字化改革的契机，更好地发挥市场机制作用，进一步优化资源配置；增加有效供给，加大公共财政投入力度，通过发展不断做大公共服务的"蛋糕"。

绍兴：科学规划布局
推进礼堂品牌建设

绍兴市按照省委、省政府统一工作部署，认真贯彻落实省《关于推进农村文化礼堂长效机制建设的意见》《浙江省农村文化礼堂建设实施纲要（2018—2022年）》，立足于"提质扩面、常态长效"的工作要求，深入实施《关于推进农村文化礼堂长效机制建设的实施意见》《星级评定管理办法》等政策文件，逐步构建"建管用育"一体化长效机制建设工作格局，科学规划布局、严抓建设标准、培育礼堂文化，充分发挥农村文化礼堂在思想引导、道德教化、礼仪培养、文化熏陶、乡村治理等方面的重要作用，努力将文化礼堂建成党委政府惠民利民的品牌工程。

一、基本情况及主要做法

1. 加强组织保障，文化礼堂"建"有水准

一是领导高度重视，市委、市政府高度重视农村文化礼堂建设，将文化礼堂建设作为乡村振兴建设重要内容，摆在重要议事日程，纳入岗位目标责任制考核、意识形态主体责任考核体系，市委主要领导多次对农村文化礼堂工作作出批示。二是政策保障到位，出台绍兴市文化礼堂长效机制等政策文件，明确了任务举措，压实了工作责任。各区、县（市）相继出台长效机制建设工作意见，进一步完善文化礼堂建设保障体

系。在建设统筹资金之外，每年财政专项保障文化礼堂的奖补资金1亿元以上。比如柯桥区有效破解土地指标等要素制约，年安排用地40—60亩，走在浙江省前列。三是建设有序推进，截至2022年11月底，累计建成农村文化礼堂1775家，覆盖行政村1535个，2021年实现行政村全覆盖。全市遵循先易后难的原则，从一个个点抓起、从一个个项目抓起，以每年规划新增约270家的速度稳步推进，同时切实跟进进度通报、督查检查等机制建设，把这项实事工程抓到实处、抓出成效。

2. 加强机制创新，文化礼堂"管"有实招

一是实施星级管理，绍兴率先开展星级文化礼堂评定工作。星级评定实行动态管理，复评不合格的予以降星、摘星，评定结果与文化礼堂资金补助和管理员考核相挂钩。目前，全市已培育评定四星级农村文化礼堂499家，五星级农村文化礼堂150家。二是建立完善管理制度，建立完善村"两委"领导下的文化礼堂理事会管理运行制度，各地在推广建立文化礼堂理事会、基金会、促进会等机构，吸纳农村"两老"、村干部、乡贤等参与日常运维，取得了良好成效。如上虞区依托其乡贤资源和品牌，建立文化礼堂乡贤公益基金，"乡贤文化三进礼堂"在全省会议上做经验介绍；诸暨市建立村级"小棉袄"关爱金。三是推进礼堂"智慧云管理"，构建"以用为主"评价体系。顺应新媒体的发展，在柯桥区全域推广"智慧礼堂"建设基础上，制定绍兴市农村文化礼堂活跃指数编制办法（试行）并向全市推广应用，以此建立一整套覆盖全市农村文化礼堂活动记录、绩效考核、意见反馈的管理体系。通过智慧化管理和绩效考核相结合，来推动农村文化礼堂队伍建设、资金保障落实和活动组织到位。利用网络平台丰富内容供给、打通供需对接通道，推动实现文化礼堂的单向管理向线上线下双向管理互动转变。截至目前，平台中已集纳文化礼堂活动69000余场，并以每月超过6000场次的数量持续递增。

3. 加强活动植入，文化礼堂"用"有效率

一是加大"送"文化，统筹整合资源，进一步健全完善农村文化礼堂市、县、镇三级菜单服务体系，加大配送服务力度。同时，加大政府购买文化服务进礼堂，仅市级层面，每年配送包含传统大戏、曲艺、歌舞综艺等200多场次，文化大巴100多场次。二是激发自主"种"文化，以"我们的"系列活动为主线，全面提倡过好"我们的节日"、办好"我们的村晚"、唱好"我们的村歌"、弘扬"我们的传统"，激发各地自主开展各类文体活动。市、县层面年年举办大型村晚，文化礼堂村村有自己的村晚、村村有自己的村歌已成为礼堂共识。如连续举办多届的新昌县梅渚村文化礼堂村晚，已成为当地响亮的文化名片。三是拓展"晒"文化，依托各职能部门，搭建载体和平台，通过文化结对、文化走亲、擂台比赛等多种形式，把各地农村文化礼堂的活动"晒"出来，让这些活动的交流真正"走"起来、"活"起来。近年来，市级层面组织发动了

绍兴市柯桥区马鞍街道山外村文化礼堂

"绍兴有戏"、农村文化礼堂文艺汇演、千家礼堂献礼百年党庆形象展示、"行走乡村文化润乡"文艺播撒乡村行等活动，充分调动广大群众参与文化的积极性、主动性和创造性。新昌县"阳光文化进礼堂"、越城区传统文化驻礼堂、柯桥区"相约礼堂周末剧场"、嵊州市的"金榜题名时文化礼堂行"等活动，受到群众普遍欢迎。

4. 加强内涵建设，文化礼堂"育"有成效

一是培育价值引领，将文化礼堂建设与红色文化、最美文化、乡贤文化、孝德文化、礼仪文化、法治文化以及村史文化、乡愁文化等有机地结合，建好村娃学堂、道德讲堂、乡村记忆馆、村泥活动室等，设立善行义举榜、最美人物榜、爱心公益榜，开展节庆礼仪、乡风文明、教育教化等活动，打造农民精神家园。近年来，市里围绕"礼"字文章，制作《巡礼》宣传画册、拍摄《寻礼》专题片和纪录片、策划乡村"新十礼"动漫设计宣传，传播主流价值，增强人们的认同感和归属感，将乡村"新十礼"活动打造成绍兴礼堂建设乃至思想道德建设的靓丽品牌。二是培育特色示范，以"五有三型"为标准，因地制宜整合古戏台、祠堂等特色元素，村体育场馆、文化中心等阵地设施，结合绍兴"水乡、桥乡、酒乡、名士之乡、书法之乡、戏曲之乡"等特色文化资源，坚持"一村一特、一村一品"，打造培育出了一批具有区域地方特色、功能多样、灵活应用的文化礼堂样板。如嵊州华堂羲之文化、上虞祝温乡贤文化、诸暨十里坪戏曲文化、新昌梅渚剪纸文化、袍江荷湖乡愁文化等一批示范品牌。三是培育人才队伍，建立分级分层培训体系，市级层面与绍兴职业技术学院合作建立文化礼堂"展示与培训中心"，每年组织2期培训班，主要培训各区、县（市）乡镇宣传委员、文艺骨干、文化礼堂管理等。全市还重点组织开展优秀管理员推荐评比，评选最美文化礼堂人等。

二、特色亮点

1. 以文化礼堂为基，一堂一色"亮品牌"

建设高质量农村文化礼堂，绍兴的做法是"因地制宜、彰显特色"，展陈内容"一村一品、一堂一色"，把文化礼堂和当地特色文化结合起来，既丰富了礼堂文化内涵，又弘扬了优秀乡土文化。如雨后春笋般涌出的农村文化礼堂，正在改变着绍兴农村的文化生态，悄然呈现着人民群众喜闻乐见的文化图景。例如，在嵊州市甘霖镇东王村，百年传承下来的"越剧文化"融入礼堂文化，推动了越剧的传承和发扬；在诸暨市牌头镇靖江村，文化礼堂就设在周氏祠堂内，周氏乃周敦颐的后人，靖江村文化礼堂以先人的"莲花"精神为载体，很好地传承并发扬了"出淤泥而不染，濯清涟而不妖，中通外直，不蔓不枝"的君子精神……

同时，通过"送文化、种文化、育文化"结合，绍兴市农村文化礼堂内已形成"我们的村晚""我们的节日""文艺汇演""文化走亲""村娃学堂""非遗进礼堂""宣讲进礼堂""村歌大赛"等一批活动品牌。

绍兴农村文化礼堂已经成为"文化大餐"配送的中转站、"草根达人"亮相的大舞台、"文化文艺"展示的集聚地。

2. 以文艺汇演为带，让文化活水流进百姓心田

自2019年起，绍兴紧扣群众新需求，联合市文广旅游局、市文化馆等部门开展文艺汇演活动，让老百姓享受到更丰富、更精彩的文艺节目，让群众主动上台把美好精神面貌演出来，让民间文艺团队在走亲互动中活跃起来，使农村文化礼堂真正成为繁荣农村文化的新引擎、主阵地，老百姓向往的"精神家园"。

（1）全域谋划，优化资源配送。绍兴不以演出地点远近、文化礼堂硬件设施好差作为安排演出的标准，优先选择了经济相对薄弱、群众文

潮领马鞍·颂歌献给党——第二届绍兴市群众声乐大赛颁奖晚会在
马鞍街道宝善桥村文化礼堂举行

化活动开展相对偏少的山区镇村文化礼堂作为汇演地点。如新昌县新林
乡大坪头村、嵊州市金庭镇华堂村，等等，正是为了实现让偏远山区的
老百姓同样有机会现场感受精彩的文艺演出这一小小心愿，全体演职人
员"舍近求远"，平均每场演出奔波超过200公里路程，给各地群众送去
一台台精彩的晚会。

（2）搭建平台，播撒文艺种子。引入现场直播传播方式，让文化礼
堂变成"万人礼堂"，也让"文艺汇演"成了永不谢幕的舞台。在每场演
出活动中，都会有三四个节目由演出所在地文化礼堂选送或推荐，这样
既能充实节目库，又能通过传帮带在农村留下文艺种子。

（3）整合资源，盘活社会力量。通过在全市农村文化礼堂舞台上的
业余文艺团体或文艺人才个体中广泛征集格调高雅、有一定艺术水准的
文艺节目，建立起节目资源库。比如市文化馆建立了一个由240余个节目

组成的庞大节目库。通过每次活动不断实践提升演出节目质量和增加演出新节目、新成员的机会。

（4）利民惠民，引领礼堂风尚。文艺汇演不仅用优秀的节目带去思想引领和道德教化，更用实实在在的行动去感化基层的干部和群众，从让座敬老到禁烟宣传、垃圾分类和"五水共治"等，凝聚起乡村振兴的全民合力。

3. 以智慧大脑为要，服务群众"零距离"

"智慧礼堂"是提升文化礼堂内容供给品质、满足群众多元需求的一项创新举措，是促进"建管用育"全面升级的一次有益尝试，目的是让更多老百姓受益。早在2019年，柯桥区就开通了首批"智慧礼堂"。通过信息化系统，老百姓可以足不出村地享受到政策解读、便民服务、媒体资讯、互动直播、健身娱乐、影视阅读、医疗咨询等服务。值得一提的是，系统的语音识别技术不仅能识别普通话，还能"听懂"绍兴方言，即使是不识字的老年人也能操作。

2020年浙江省农村文化礼堂建设工作现场会提出"推出礼堂使用评价指数"的工作要求。这一契机下，绍兴市制定了《绍兴市农村文化礼堂活跃指数编制办法（试行）》向全市推广应用，建立起一整套覆盖全市农村文化礼堂活动记录、绩效考核、意见反馈的管理体系，大力推进了文化礼堂精细化、智慧化管理。

通过智慧化管理和绩效考核相结合，有效推动了农村文化礼堂队伍建设、资金保障落实和活动组织到位。

此外，该平台还可以有效整合资源，丰富内容供给，打通供需对接通道，在文化礼堂的单向管理向线上线下双向管理转变过程中，做到"有用的礼堂好好建，建好的礼堂好好用"，让文化礼堂"用得好""用得起来"。

三、经验启示

经过几年来在文化礼堂建设上的持续发力，通过加强资源统筹、力量整合，不断丰富内涵、拓展外延，我们已构建起了党委政府统一领导、宣传部门牵头抓总、相关部门各司其职、社会各方共同参与的工作格局。各级牢固树立大局意识，化"独角戏"为"大合唱"，使礼堂建设规模不断扩大、内涵不断丰富、效益不断显现，由点到面、从小到大，从"盆景"变成了"风景"。通过农村文化礼堂建设，有效地促进了意识形态建设，有效地助推了基层社会治理，有效地提升了乡风文明水平，有效地锻炼了宣传文化队伍，在更加有效地满足农民群众的精神文化需求上，也迈出了坚实步伐。

1. 工作合力持续形成

市委、市政府组建领导小组，各地组建相应的领导机构，强化策划团队、基层文艺团队、志愿者队伍，助推文化礼堂自我管理、自我运行。各成员单位在项目规划、资金支持、队伍建设、活动开展、考核评价等方面积极配合，形成了"众人拾柴火焰高"的良好局面。

2. 红色基因靓丽鲜明

注重核心价值观引领和凸显意识形态属性，推动礼堂从文化活动场所向精神家园"华丽转身"。特别是认真贯彻落实关于"建农村精神文化地标"的指示要求，高度重视以内涵化为核心的礼堂文化建设，注重整合红色资源，打造教育基地，形成了"我们的节日""我们的榜样"等一系列品牌。

3. 群众文化内涵生动

着眼群众"需求侧"，打造农村文化会客厅，建设村史廊、民风廊、励志廊、成就廊、艺术廊，开展贴近群众需求、有益身心健康的各类活动，丰富拓展群众文化内涵。组织"我们的村晚"、乡镇才艺秀、村歌大赛、排舞大赛等活动，内容"雅俗共赏、各有千秋"，扩大了群众文化涵盖面。

4. "文化＋"效应显现

注重将政府建礼堂的外部推动力转化为村民的内在需求，将礼堂从物质的外部形态转化为村民的精神和情感要素，在探索礼堂"文化＋"方面作了不少尝试，如"文化＋文艺团队"，积极支持群众自办文化团体，"文化＋乡贤基金"，倡导了乡贤反哺桑梓的风尚，"文化＋众筹"，唤起"大家建、大家用"的主体意识，为礼堂建设注入了生机活力。

四、未来展望

绍兴市农村文化礼堂建设将按照省委宣传部总体工作部署，围绕进一步深化长效机制建设，努力推进"建管用育"一体化。

1. 加大文化礼堂内容供给

把内容建设放在更加突出的位置，精准聚焦，整合资源。计划在全市范围内完成农村文化礼堂试点应用"智慧礼堂"内容服务平台。联合市文广旅游局开展"文艺播撒乡村行"活动。整合各部门送公益服务进礼堂活动资源力量，持续开展健康素养进文化礼堂、社区教育进文化礼堂、体育进文化礼堂等活动。鼓励和引导社会团体、民营单位、个体演出团队开展送服务、送文化进礼堂活动。广泛组织开展"我们的村晚""我们的节日"、农民丰收节等各类群众性文化活动。

2. 加强队伍建设

进一步完善分级分层培训系统，加强"展示与培训中心"建设。加大培养力度，组织开展经常性、专业性岗位培训，做好文艺团队骨干、文化礼堂管理员培训，不断提高基层文艺工作者、管理员队伍工作水平。

3. 加强文化礼堂管理

推广文化礼堂效能指数管理体系，改进和创新星级评定办法，开展星级文化礼堂复评或督查，对不符合要求的星级文化礼堂予以通报、降星、摘星等处理。

金华：突出特色　强化"一县一品"

　　根据省委统一部署，2013年金华市启动农村文化礼堂建设工作，按照"文化礼堂　精神家园"的功能定位，对标"到2021年底，实现人口在500人以上行政村全覆盖"的目标，金华市突出"一县一品"、强化思想引导、道德教化、礼仪培养、文化熏陶，不断健全完善农村文化礼堂建设、管理长效机制，努力把农村文化礼堂打造成乡风文明传习地、群众文化大舞台、乡村历史文化陈列馆、农耕非遗文化传艺馆、乡愁乡情博物馆和思想道德教育馆，使之成为与文化金华和"两个高水平"建设目标相适应的文化地标，与美丽乡村和美好生活相契合的精神家园。主要做法成效和经验启示如下。

一、基本情况及主要成效

1. 建设概况

　　当前，金华市共建成文化礼堂2806家，已实现500人以上行政村农村文化礼堂全覆盖。截至目前，全市累计建成五星级农村文化礼堂168家、四星级农村文化礼堂494家、三星级农村文化礼堂555家，星级农村文化礼堂占比达43.4%；已建成书香文化礼堂10家，2021年筹建红色、墨香、古韵、活力、律动等特色农村文化礼堂25家，持续推进农村文化礼

永康市东城街道大花园村文化礼堂

堂2.0版升级打造。

2. 主要成效

（1）组织领导更加有力。金华市委、市政府高度重视农村文化礼堂建设，2013年成立市、县两级农村文化礼堂建设工作领导小组，确保统筹有抓手、协调有组织。2014年至2018年农村文化礼堂建设连续5年被列入市政府十大民生实事项目。2017年开始将农村文化礼堂建设纳入民生改善持久战重点项目，列入"美丽乡村"建设规划体系、公共文化服务标准均等化建设体系，作为建设现代化和美乡村、全面实施乡村振兴战略的关键举措重点推进。

（2）政策落地更加完善。先后出台了《关于建立健全农村文化礼堂长效管理机制的意见》（金文礼办〔2014〕3号）、《县（市、区）农村文化礼堂建设工作考评和农村文化礼堂建设先进县（市、区）推荐办法》（金文礼办〔2014〕3号）、《关于推进新时代文明实践中心和农村文化礼堂长效管理的实施意见（试行）》等文件，明确工作任务，压实工作责任。每年召开全市农村文化礼堂建设现场推进会，开展农村文化礼堂建设"晒拼创"活动。

（3）示范引领更加有效。把推进示范点建设作为营造农村文化礼堂建设赶超争先氛围的重要抓手，以成绩成效激发争先创优劲头。义乌市、永康市获评浙江省农村文化礼堂建设示范市，婺城区沙畈乡等23个乡镇获评浙江省农村文化礼堂建设示范乡镇（街道）。婺城区"双堂双进"、农村文化礼堂"经济圈"和"农村文化礼堂大学"，兰溪市"礼堂集市"，东阳市"流动农村文化礼堂"，永康市全域化农村文化礼堂"塘里样本""小康学堂"，磐安县礼堂研学游等，在一定程度上助推了乡村振兴，提升了农村文化礼堂的吸引力，受到了群众的欢迎和媒体的关注。

（4）资金保障更加坚强。2013年开始，省、市、县三级财政每年都列出专项资金，通过以奖代补等形式对农村文化礼堂建设进行扶持，并积极发挥社会力量筹措资金。2013年至2019年，我市农村文化礼堂建设累计投入资金10.36亿元，其中省、市、县三级财政投入4.48亿元，社会筹资5.88亿元，有效发挥了财政资金的杠杆作用。积极探索社会力量、村民自筹等方式，建立新时代文明实践基金，有效补充农村文化礼堂管理经费，2021年大部分已经实现堂均运行保障经费不低于5万元。

（5）队伍建设更加充实。通过选、育、考多措并举不断建强管好队伍。把农村文化礼堂作为乡村招才引智的平台，通过政府购买公益服务岗位、志愿服务等方式，吸纳村干部、乡贤、文化能人、创业成功人士、热心村民等干部群众参与农村文化礼堂日常运行管理，积极化解力量不足、人才匮乏的困境，建成"八婺青年宣讲团""茶花姐妹"巾帼志愿服务队等特色队伍300余支。

二、特色亮点

在农村文化礼堂建设全过程，始终尊重属地特点，挖掘属地特色，服务属地所需，避免了"千篇一律"，增强了地方辨识度、标志性，形成了"一县一品"的鲜明特色。

兰溪市为彰显古村落、古祠堂等历史建筑和人文资源，努力挖掘古村落文化，突出本土化、特色化布局，用完善各项功能设施建设来提升文化礼堂品位。目前，全市有100多座旧祠堂（古建筑）、30多座大会堂在农村文化礼堂建设中得以修缮，并得到充分利用。积极探索"礼堂＋旅游"模式，带动了"游诸旅游线""兰芝风情线""兰江水上线""梅溪流域线"四条旅游线路上文化礼堂的特色效应。

金东区针对农村文化礼堂"点多面广、力量不足"等实际问题，探索智慧化管理模式，推动农村文化礼堂数字化建设、智能化管理、精准化服务"三化融合"，建立"礼堂管家"小程序"三色"榜评价发布机制。每周一更新乡镇"三色"综合排名、"十优十差"礼堂榜、一周特色亮点活动，实现现场管理和"云端晒拼"同步，每月动态生成"三色地图"、文化礼堂"三色"榜，优势短板一目了然。推广安装文化礼堂监控设施，接入新时代文明实践中心智慧管理系统，实现农村文化礼堂运行实时监测、活动全网直播。

义乌市品牌化培育，打造礼堂"家印象"。培育了一批记得住、喊得响、可复制、有亮点的品牌活动，让礼堂成为"老家印象"的生动载体。组织"礼堂有节"系列活动，邀请外国友人共同参与体验。如"中秋团圆　义乌印象"在央视一套、四套同步直播，覆盖全球150多个国家和地区；"德胜古韵　孝义重阳"系列活动吸引了全国百余家媒体关注报道。打造"礼堂有礼"特色礼仪活动：把弘扬优秀传统文化与红色革命文化、社会主义先进文化相结合，着力打造本地特色礼仪活动，"礼堂婚礼""村干部廉洁就职礼""儿童开蒙礼""少年成人礼""新兵入伍礼""诚信立身礼"等活动在全市开花，凝聚了人心，促党风带政风转民风。

永康市打造全域化文化礼堂"塘里样本"。串点成线，织线成面，按照"三巷九院"布局，建成家风家训馆、百工馆等场馆，全域化布局礼堂功能；深挖文史，精雕细琢，打造孙权铜像、孙氏家训、印刷展馆、顾盼长廊等载体，全景式传递乡风乡愁；筑巢引凤，花开蝶至，通过"文化礼堂＋美丽乡村"的模式，催生"文化经济"，分享"文化红利"，全方位助力美丽经济；形成"文化礼堂在村中，村在文化礼堂里"品牌，推出了全域化文化礼堂"塘里样本"。

浦江县打造"美丽非遗百村文化礼堂行""百堂百戏"等传统民俗活动，文化礼堂成为浦江乱弹、浦江迎会、浦江变脸、浦江佬讲大话、浦江道情等非遗民俗活动和浦江剪纸、竹木根雕、浦江米塑等非遗手工艺

永康市特色队伍"十八蝴蝶"在后吴古宅演出

展示的场所，唤醒了群众的乡愁。探索文化礼堂产业输出，融入美丽乡村、全域旅游、生态廊道等。在新光马岭茜溪线、多彩平湖双姑线、郑宅嵩溪古村线、水墨前吴山水线、悠然南山神丽线等精品旅游线路上建设精品文化礼堂，把文化礼堂建成"文化＋旅游"的集散地，真正形成了文化礼堂在村中、在景中，为全域旅游涂抹了独特的文化底色。

磐安县充分利用农村自然资源禀赋，挖掘农村优秀文化资源，注重传统民俗文化与现代文明的融合创新，在建筑风格、展示内容等方面融入本地文化元素，增强村民的认同感，做到"一村一品、一堂一色"，真正使文化礼堂成为当地的文化地标。借助紧邻古茶场的优势，突出茶文化、中草药文化等。在文化礼堂内全面展示习近平总书记关于生态文明建设重要论述，展现源头村的村史村貌、山水风光，重点展示保护环境的最美人物和村庄故事，打造以源头文化、生态文明为特色的文化礼堂。

三、经验启示

1. 强化党的领导就牢牢牵住了"牛鼻子"

农村文化礼堂"建管用育"工作从建设上看涉及场所设施建设、展示展览建设、文化礼仪活动、队伍建设管理等多方面任务；从文化功能上看既是道德教化伊甸园、耕读传家复乐园，又是凝心聚力心家园，是基层传播新时代新思想新理论、办好群众急难愁盼"关键小事"的重要载体和阵地之一，其"建管用育"是一项综合性很强的工作，离不开一个强有力的统筹"指挥棒"，这就迫切需要发挥好党的统揽全局、定向把舵的作用，确保在该项工作的全过程、全方面能始终保持正确方向，抓住党的领导就牵住了推进工作的"牛鼻子"。金华市在2013年试点建设年开始，便成立市、县两级工作领导小组，以起步就是冲刺的姿态久久为功，十年来，在实践探索中，工作的体制机制进一步理顺。当前，统筹推进新时代文明实践中心和农村文化礼堂建设经验日益成熟，两项工作往往是同部署、同推进、同考核，工作力量、阵地资源等实现了有效融合。紧紧围绕建党100周年、共同富裕示范区建设、数字化改革等"抓大块""谋大局"，依托"礼堂家"系统，积极推进农村文化礼堂数字化改革，礼堂数据实现了"精准化、实时化、可视化"。这启示我们，在进一步深化推进农村文化礼堂"建管用育"过程中，党的领导也必将始终起着关乎方向性、根本性、决定性的作用。

2. 用好制度牵引作用就打稳了"地基石"

农村文化礼堂建设，谋划在顶层，受众在基层，实践在各领域、各环节，是一项全新的工作，没有范本可参照，只有不断实践探索。金华市在8年探索中，始终紧紧围绕上级决策部署，结合本地特色，制定出系列政策规程、实施细则，实现了依靠制度治理、治事、管队伍。紧紧围绕"提质扩面、常态长效"这个主题，健全完善建设推进、运行管理、自主管理、星级管理、内容供给、培育培训等长效工作机制。较好地解决了"怎么做""做什么""有人管事、有人办事"等系列现实问题，让农村文化礼堂的"根"扎得更深，"底"打得更牢，激发了各县（市、区）做实、做好、做出成效的积极性。基层的广泛创新实践又帮助市级层面更好地形成理论—实践—理论的良性循环。这启示我们，对于下一步深化推进农村文化礼堂建设，依旧需要发挥制度的良性功能，既要强化政策法规、操作流程体系等正式制度的供给，又要结合基层文化特色、风俗礼仪等非正式制度特点，把制度建好、用好，把建设深化工作推进正轨。

3. 坚持因地制宜就激发了基层"动力源"

我省提出了"以有场所、有展示、有活动、有队伍、有机制等为基本标准，通过5年努力，在浙江省行政村建成一大批集学教型、礼仪型、娱乐型于一体的农村文化礼堂"的目标。在这么短的时间内，要实现相对齐全的软硬件功能，这就必然要激发最广大群体的参与。金华市通过建成一批、投用一批的实践导向，全市各地在挖掘本地资源、培育礼堂文化、推动农村文化礼堂可持续发展等方面积极探索，特色做法多点开花。在一定程度上助推了乡村振兴，提升了农村文化礼堂的吸引力，受到了群众的欢迎和媒体的关注。实践证明，只有结合各地实际，激发基层百姓的主观能动性、积极性，工作才能推进得更快、效果才会更显现。这启示我们，在接下来的工作中，要继续坚持结合各地特色，辩证处理普遍性和特殊性的关系，尊重基层首创精神，充分激发基层干劲、闯劲，坚决避免建用"两张皮"和"一刀切""一个样"，杜绝资源浪费。

4. 以村民所需为导向就确保了"真管用"

建得好还需用得活。对于农民群众日益增长的文化需求，好的场所设施是打造阵地的必然需求和基础需求，采取分众化的内容供给成为重中之重，这就对农村文化礼堂建设使用提出了更高的要求。金华市农村文化礼堂建设工作领导小组成员单位结合群众需要，无论是时事政策宣讲、送农林法律健康知识进礼堂，还是开展系列符合群众口味的乡土民俗活动等，都得到了广大民众的点赞，较好地满足了农民群众日益增长的文化需求，进一步弘扬了传统文化和社会主义核心价值观。这启示我们，始终以人民为中心的建用导向才能让农村文化礼堂真正更好地服务基层群众所需，在深化推进农村文化礼堂建设过程中，既不搞所谓的"高大上"，也绝对不能出现"高级红""低级黑"。

5. 一盘棋的工作格局就杜绝了"等靠要"

建设资源紧缺、村落布局分散、硬件设施老旧、建设意愿不高、建设经费压力较大、活动开展数量质量参差不齐、人才队伍稳定性专业性有待提升等是困扰基层的普遍难题。如果一直停留在"等靠要"的状态，就会导致工作推进受阻、工程成效"打折"。金华市通过全面摸清摸准各县（市、区）的底数和实际情况，统筹好三年计划和年度目标，统筹好任务数和全覆盖，按照实事求是、因地制宜的原则，精准指导，分类推进，对于"跳一跳"可以建成的村支持鼓励按标准建设；对于没有形成集聚效应的500人以上行政村，多点分布建设；对经济确实薄弱的村，村村联建或村企共建；对纳入整体搬迁计划或可能搬迁的村，做好跟踪。引导相关部门积极支持，把资金补助向经济薄弱的村倾斜。同时拓展多方筹集资金的渠道，通过设立农村文化礼堂"公益金""乡贤基金""文化众筹"等方式，引导更多社会力量参与农村文化礼堂建设。通过"强考核""育人才""结对帮"等方式，激发农村文化礼堂内生活力。这启示我们，在面对问题重重的农村文化礼堂建设工作上，只有强化统筹协调，全市形成合力，才能更好战胜各类"拦路虎"，越过更多"娄山关""腊子口"，推动整体"建管用育"迈出实质性步伐。

四、未来展望

经过多年的持续推进，金华市农村文化礼堂和新时代文明实践中心建设，已经到了积厚成势、蓄力跃升的关键时期。深化推进农村文化礼堂建设必须紧跟中央、省委、市委重要决策部署，确保不掉队、不偏题、不走调。未来一个时期，金华将以数字化改革为动力，在省委宣传部指导下，深化农村文化礼堂2.0版建设。抓好数字化平台的应用，提高群众知晓率，做好内容资源的数字化整合，提高群众参与率，做好考核评价的数字化管理，提高群众满意度。以提质增效为导向，加大特色农村文化礼堂建设力度。避免"千堂一面"，鼓励"百花齐放"，在特色化方面不断探索、挖掘和创新，不断满足群众的需求。

衢州：打造村级文化综合体　构筑乡村精神文明高地

自2013年浙江省吹响农村文化礼堂建设的冲锋号开始，衢州市把建设农村文化礼堂作为加强基层宣传思想文化工作、推动乡村文化振兴的主要抓手和创新之举，文化礼堂从无到有，从小到大，由点到面，由"盆景"到"风景"，在三衢大地落地生根、开花结果，已成为衢州美丽乡村的一道靓丽风景，滋润着农村老百姓精神文化的家园，实现村民"身有所栖""心有所寄"。

一、基本情况

衢州市以"全域化建设、规范化运行、全民化参与、品牌化培育"为重点，打好农村文化礼堂"建管用育"组合拳，把农村文化礼堂建设成为美丽乡村的风景线、乡村文化振兴的大平台、共同富裕的新标识。截至2022年11月底，衢州建成1430家文化礼堂，2021年实现农村文化礼堂500人以上行政村基本全覆盖，其中五星级文化礼堂131家，四星级文化礼堂281家，三星级文化礼堂616家，创成省级示范县3个，示范乡镇20个。

1. 盘活资源，因地制宜"建"起来

坚持把农村文化礼堂建设工作纳入本地经济社会发展总体规划，作

为乡村振兴和美丽乡村建设的重要内容，统筹土地、资金、人才等各类资源，按照选址科学、功能完善、形态美观、安全实用的原则，科学布局、分步实施，有序推进文化礼堂建设。一是坚持建设标准。按照"五有三型"的建设标准，注重挖掘村庄历史、梳理村落文脉、展示乡风文明，改善农村风貌，使文化礼堂成为留住"记忆中乡愁"的重要载体。近十年各级财政投入4.41亿元，确保文化礼堂建设高标准、运行高质量。二是坚持共建共享。全方位盘活基层公共服务资源，实行"融合共建"模式，市委宣传部、市委组织部联合下发《农村文化礼堂与乡村振兴讲堂融合共建的指导意见》，对党群服务中心、乡村振兴讲堂、居家养老中心、儿童之家等场所进行"物理融合、化学反应"，不增添基层负担，推进一个活动阵地、一组管理人员、一张服务清单的"三个一"工程。三是坚持彰显特色。充分利用各村自然资源禀赋，注重与优秀传统文化、乡土文化、民俗文化的融合创新，在文化礼堂的建筑风格、展示

"衢州有礼　儒风千年"脉元村崇文尚学礼暨文化礼堂开堂仪式

内容、活动样式、模式机制等方面形成特色，做到"一村一品、一堂一色"。如结合"衢州有礼"诗画风光带建设，推进礼堂串点连线成景，打造文化礼堂示范巡礼线，形成了江山文化礼堂最美村歌专线、开化文化礼堂最美公园专线等特色路线。全市开展了最美礼堂评选活动，13家文化礼堂入选2017年浙江文化新地标；10家文化礼堂获评2021年省级特色礼堂，其中开化县金星村书香礼堂成为网红地标。

2. 迭代升级，完善机制"管"起来

以"制度＋管理"为重点，深化顶层设计、制度设计，提升"管"的强度，推进常态长效。一是制度更加完善。市委办、市府办出台《关于推进全市农村文化礼堂建设的实施意见》《关于深化农村文化礼堂建设的实施意见》，建立市、县农村文化礼堂建设工作领导小组，把农村文化礼堂建设工作列入政府实事工程，纳入党的建设和党委（党组）意识形态工作责任制落实情况检查，作为考核评价各级领导班子、领导干部特别是乡镇（街道）领导干部的重要依据。二是管理更加科学。以星级文化礼堂评定为指挥棒，建立"一周一督查""一月一通报""一季一观摩""一年一选树"管理机制，将农村文化礼堂考核列入乡镇（街道）年终考核，充分调动乡镇（街道）建设主体工作积极性，通过定期互看互学互查互评，提高文化礼堂建设水平。三是队伍更加健全。全市建立了以"五进"服务为核心的"文化乡伴"联盟队伍，包括"8090新时代理论宣讲团""讲师驻堂"、文联协会"大咖驻堂"、农村文化礼堂建设工作领导小组成员单位"服务驻堂"、乡村文化能人"志愿驻堂"、第三方专业性文化团体和志愿团队"辅导驻堂"，构建了衢州市农村文化礼堂"文化乡伴"联盟队伍的四梁八柱，创新"1＋1＋N站堂联盟"共建模式，即一个"文化乡伴"队伍结对一个乡镇（街道），共同与所在乡镇（街道）的文化礼堂结成联盟开展共建活动，并制定"有一个文化乡伴工作站、有一系列公益课程、有一支特色文化队伍"等"三有"考核要求。各地结合实际探索社会化运营模式，如江山创新了"礼堂特派员"、龙游创新了"三百联盟"机制（"百家站堂共建联盟""百村赛事活动联盟""百师千场培训联盟"）。四是数字更加赋能。在用好浙江省农村文化礼堂数据管理平台"礼堂家"的基础上，打造了"数智文化空间站"。制作农村文化礼堂电子地图，推出文化线路，实现文化礼堂与"15分钟品质文化生活圈"的有机融合。创新"云上试演"场景，通过"云上试播—热榜筛选、线下试演—优化投放"方式，及时调整演出时间、频次等，让文化活动更对口对味；设置民生服务板块，为农村群众提供通衢问政、招工招聘等服务；融合"8090理论宣讲"平台，提供驻堂讲师、网上研学等服务。

3. 文化惠民，礼堂阵地"用"起来

根据群众生活所需，整合公共资源，聚集社会力量，向基层倾斜、往礼堂输送，推动高质量文化产品和服务可持续供给。一是理论宣讲明旗帜。依托"8090新时代理论宣讲团"，开展周三礼堂日"讲师驻堂"活动，通过80后、90后甚至00后这一青年群体学习、宣讲习近平新时代中国特色社会主义思想，用青春的声音传播党的声音，在市县两级挂牌成立42家8090新时代理论宣讲研习基地和若干孵化中心、实训基地等宣讲培育基地，打造精品宣讲场景120余个，开展"两个先行·青春聚力""礼敬百年·青春向党""请党放心·强国有我"千场理论进基层主题活动。二是多彩活动兴文化。把文化礼堂作为"15分钟品质文化生活圈"的主载体，以"送文化""种文化""赛文化""育文化"四个阶段开展分类指导建设，由各村（社）提出需求清单，统筹市县两级文化文艺资源，从艺术门类、工作目标、服务计划、师资要求等方面精准对接，量身服务，持续推动市县94个文艺家协会及其他社会文化力量，通过引进演出活动、建立创作基地、共建联系点等形式，与农村文化礼堂结成对子，开展服务活动。每年组织"我们的中国梦"——文化进万家暨文化

志愿服务下基层活动20余场次，受益观众约3万人次。三是服务群众惠民生。加大文化科技卫生"三下乡"等12个部门公共文化资源整合力度，建立涵盖法治、教育、卫生、科技、体育、消防、禁毒、反邪教等领域内容的"大菜单"制度，推出受欢迎、可持续、叫得响的服务项目，依托新时代文明实践中心，以"文化礼堂点餐、实践中心送餐"的模式，按需送入文化礼堂。结合山村实际，衢州以关爱留守妇女儿童、孤寡老人等群体为重点，创设"放学来吧""微心愿认领"等特色活动载体。同时，新冠肺炎疫情期间，全市734个文化礼堂作为核酸检测场所，1321位礼堂管理员、志愿者参与抗疫服务，依托礼堂户外屏、农村喇叭等多种形式开展疫情防控宣传，组织3900多场活动。

4. 深挖特色，文明乡风"育"起来

从挖掘农民歌、农民画、农民书法等特色资源，到深化"我们的村晚""我们的村歌""我们的村礼"品牌项目，创新"五村五联"文体共富系列活动，着力提升"育"的深度。目前，全市形成柯城"农民画"、衢江"乡愁文化"、江山"农民村歌"、龙游"红色宣讲"、常山"农民书法"、开化"钱江源书社"等特色文化礼堂品牌，衢州文化礼堂"面子"颜值高，"里子"内涵更丰富。一是"我们的村礼"。一方面，结合中国传统节日，传承推广礼仪活动，推出春节祈福迎新礼、清明祭祖礼、端午赐福礼、重阳敬老礼等"十礼"进文化礼堂等，通过规范礼仪流程，增强活动仪式感，让群众在庄重的仪式中，寻求更高层次情感归属。创作《衢州有礼　村民公约》《文化礼堂之歌》两首歌曲，提高文化礼堂知晓度，完成1589个村社的"千村修约"工作，将文明行为纳入村规民约。另一方面，围绕"礼堂有礼、同心共富"主题，选出农民画、竹编等具有乡村特色、文化特点的文创产品和特色农产品作为全市十佳"村礼"，制作"我们的村礼"宣传片，并选取部分"村礼"在"村播主播"直播间开展幸运盲盒点赞赠送活动，助力拓展村播新业态。柯城区在文

化礼堂开展"农民当主播"培训1600多场，孵化培育100多名"村播"达人，开展"抗疫助农"直播系列活动35场，为509户当地橘农销售柑橘358万斤。二是"我们的村晚"。连续三年举办全市"我们的村晚"精品节目展演，2018年首届全市村晚引爆，"衢州村晚"微博话题点击突破3000万＋，春节期间组织"村晚"嘉年华活动，构建市县一体"1＋6＋N"体系，同步组织村晚活动，实现同频共振。其中衢江区上方镇连续六年组织村晚，并在晚会上对"最美村民"进行表彰，引领乡风文明，营造喜庆祥和的新春氛围。三是"我们的村歌"。立足"一座礼堂、一首村歌"，将村歌创唱纳入文化礼堂建设要求，目前全市已创作562首村歌，组织了"我唱村歌给党听""来衢州听村歌"云上展播、"听着村歌游衢城"文旅农活动。在"中国村歌之乡"江山已实现村村有村歌，一批精品村歌唱进省人民大会堂，唱进北京人民大会堂，入选G20杭州峰会国礼。大陈村文化礼堂从唱响《大陈，一个充满书香的地方》《妈妈的那碗大陈面》到创作《你好，江山》《大陈见面》村歌剧，打造了村歌夜间经济，每场演出能为大陈村带来5000余元的集体经济收入。四是"我们的村画"。依托农村文化礼堂开展农民画书法培训，举办农民画书法展，创设研学情景，开设农民画"暑期来吧"课程，在"全国十大农民画村"沟溪乡余东村打造中国乡村美术馆，开辟农民画线上交易平台。五是"我们的村运"。围绕"百镇千村万场"农运会目标，推动村村办赛、县县比赛，每年开展排舞、健身气功、健身秧歌、拔河、气排球、地掷球等项目培训、展演，并对全市700多个文化礼堂增添了体育设施，建成73个农村百姓健身房。

衢州市正是在以上四个方面不懈推进、释放亮点，使农村文化礼堂建设从琳琅满目的"盆景"发展成为引人入胜的"风景"。2021年7月，衢州市成为浙江省唯一一个市，纳入共同富裕示范区建设精神文明高地领域首批试点，衢州农村文化礼堂事业开启了全新征程。

二、经验启示

2018年，衢州推出以自然之礼、人文之礼、治理之礼、未来之礼为基本内容的"南孔圣地·衢州有礼"城市文化品牌工程。衢州重视礼文化传统及由此所形成"有礼"品牌，与浙江省农村文化礼堂建设的精神主旨天然契合，具有无缝连接之巧势。衢州农村文化礼堂凝结出了具有"衢州气息"的建设经验，形成了自己的特色，其精髓与灵魂在于"礼"，更加突出教化功能，并在农村移风易俗方面发挥了重要作用。

1. 农村文化礼堂建设融入自然之礼

衢州在农村文化礼堂的建设中极其注重天地自然之礼，启动"一村一品、一堂一色"农村文化礼堂建设工程，坚持实事求是、因地制宜，针对农村基数大且特点不一的现状，按照"先易再难、先有再优"的思

衢州市大洲镇东岳村文化礼堂徽州会馆

路，形成了一村一文化礼堂的一般形态，以及多村共建、合建、联建文化礼堂的特殊形态，多方面释放了乡村文化活力。一方面，大力彰显起源于乡野民间的"九华立春祭"、江山麻糍节、开化香火草龙习俗等民风民俗，并沿乡村"衢州有礼"诗画风光带，建设特色文化礼堂。特别是衢州老祠堂、大会堂较多，文化底蕴深、凝聚力强，全市通过修建改建扩建，建成文化礼堂300多家，既实现"老树发芽"，也一定程度降低了建设成本。另一方面，针对农村撤并、拆迁、搬迁和山区村常住人口偏少的现实情况，破题"村村联合共建"模式在龙游詹家，选取7个下山搬迁村共同安置区的最佳位置，合建芝溪家园文化礼堂，满足周边村民文化生活需求；在衢江杜泽，依托杜泽老街，五村联建杜泽集镇文化礼堂，带动文旅农融合发展。

2. 农村文化礼堂培育融入人文之礼

衢州基于中国的传统节日与风俗，传承创新礼仪活动，推进"十礼"走进礼堂的同时，各地纷纷推出有礼特色活动，柯城打造"有礼展陈"、衢江建设"乡愁馆"、龙游推进"礼仪标准化观摩活动"、江山开展"衢州有礼四进礼堂活动"、常山深化"孝文化"、开化探索"乡风文明理事会"，其中开化县入选第二批建设新时代文明实践中心全国试点县，江山市大陈村入选第二批全国"文明乡风建设"典型案例。通过一系列规范礼仪流程活动，以短时间内具有集聚性的程式展演，将"最为精华"的伦理理念与伦理精神高强度地直击人们的内心，有助于农村群众在庄重的仪式中，寻求到更高层次情感归属与文化认同。

3. 农村文化礼堂使用融入治理之礼

在衢州农村文化礼堂的建设和运营过程中，均有治理之礼鲜明体现。在运营的过程中，既有以"制度＋管理"为重点的常态长效的顶层设计，又有互看互学互查互评的监督与学习机制；既打造"数智文化空间站"、村情通等诸如此类的网络智慧服务与数字管理平台，亦探索出像开化县"乡风文明理事会"的乡村自主管理创新模式。这些建设与管理举措，凸显了衢州在农村文化礼堂建设与管理方面的科学性与前沿性。其中，党史学习教育期间，1100多名市县党员领导干部走进文化礼堂开展"三服务"，与党员群众一起协调办理民生实事960余件，调处信访矛盾纠纷2600多起。

4. 农村文化礼堂引领融入未来之礼

"青年兴则国家兴，青年强则国家强。青年一代有理想、有本领、有担当，国家就有前途，民族就有希望。"农村文化礼堂的长久发展与创新发展，同样离不开广大乡土青年。衢州农村文化礼堂建设深谙此理，其突出体现便是将"8090新时代理论宣讲团"融入农村文化礼堂的发展之中，为农村文化礼堂的发展提供了青春养分。以龙游县为例，形成1个县级总团、93个分团的宣讲团架构，共有宣讲员4000余人，累计入驻239个文化礼堂，开展线下宣讲1.3万多场，受众30万人次。衢州的这种工作思路为文化礼堂的持续推进注入了鲜活的生命力，并逐渐产生"衢州模式"效应，有借鉴意义，彰显了"衢州有礼"之未来之礼。

三、未来展望

习近平总书记指出："共同富裕本身就是社会主义现代化的一个重要目标。我们要始终把满足人民对美好生活的新期待作为发展的出发点和落脚点，在实现现代化过程中不断地、逐步地解决好这个问题。"农村文化礼堂建设是浙江省精神文明建设的重要创举，在新时代，随着浙江省高质量发展建设共同富裕示范区及其对文化高地建设进一步重视，农村文化礼堂的发展被赋予了新的使命，迎来了新的契机。未来五年是推动农村文化礼堂高质量发展的关键期，按照"打通融合、资源整合、使用高效"的思路，打好建设基础提升、使用效能高效、品牌培育做强组合拳，破解公共服务均等化，不断推进农村文化礼堂建设，走出一条"共同富裕、乡村有礼"的文化振兴之路。一是注重质量变革。聚焦均等化，实施千家文化礼堂提升工程，推动文化礼堂建筑风格、内容呈现与村庄自然风貌、村史村情、民俗风情和文脉传承相融合，增进乡土文化归属感；逐步提升礼堂数字化硬件基础设施，融入现代化功能。二是注重效能变革。聚焦数字化，建好用好"礼堂家"平台，创新"礼堂＋直播"功能，吸引更多年轻人参与到文化礼堂活动；结合"礼堂日"，理顺管理和活动机制，建立地区间文化礼堂交流协作机制，常态化开展活动、丰富活动内容；突出山区"关爱老、爱护小"重点，持续开展家风家训和春泥计划志愿活动，增加人民群众参与礼堂活动的获得感、认同感、幸福感。三是注重动力变革。聚焦社会化，广泛吸收社会力量资源优势，积极引导社会化、市场化运作模式向文化礼堂延伸；加强本土文化乡村队伍建设。四是注重品牌变革。聚焦品牌化，做大做强"村歌联唱""村运联动""村晚联欢""村礼联播""村画联展"市域品牌，推进"乡村有礼"移风易俗；依托文化礼堂开展农民技能培训和乡村产业培育，打造基层共富信息集散地和乡村产业孵化地，推动文旅农融合。

舟山：做好"保障""创新""效能"三大文章　打造海岛文化"新高地"

文化礼堂建设是浙江省的一项重要工作，在省委宣传部的大力支持和指导下，我市按照"有序推进、活动引领、彰显特色、长效运行"的工作定位，不断探索海岛文化礼堂建设发展新路径，努力做好"保障、创新、效能"三篇文章，建设好渔农村的文化地标、渔农民的精神家园，精心打造海岛文化"新高地"。

一、强化要素保障，实现礼堂建设全覆盖

舟山市委、市政府高度重视文化礼堂建设工作，成立市渔农村文化礼堂建设工作领导小组及办公室，出台《关于推进渔农村文化礼堂长效机制建设的实施意见》，明确把文化礼堂工作列入党委（党组）意识形态工作责任制检查范围和党政领导班子实绩考核评价体系，列入市民生实事项目和乡村振兴、文化发展等工作考核。市委宣传部协调市级财政从2013年起每年统筹300万元专项资金，通过以奖代补形式对文化礼堂建设进行扶持。十年来，市、县（区）两级财政共投入文化礼堂建设资金近1亿元，争取省级文化礼堂奖补资金及设备6000余万元。全市严格按照"五有三型"的要求推进文化礼堂建设，统筹部署、科学布局，着力在均等化发展上下功夫，加大对偏远海岛、薄弱地区的资金投入和扶持力

度，努力实现本岛和外岛、大岛和小岛的均衡发展。2019年社区村体制改革后，全市未建文化礼堂的行政村从61个上升到97个，及时制定《舟山市渔农村文化礼堂建设三年行动计划（2020—2022）》，按建设年度细化清单，挂图作战，攻坚克难，通过"线上＋线下"形式，严督实导建设进度，保质保量提前完成目标任务。目前，文化礼堂建设任务已取得重要进展，最后一批16家新建文化礼堂于今年5月下旬落成，全市累计建成文化礼堂307家，500人以上行政村全覆盖目标任务提前半年多圆满收官。

二、注重机制创新，探索礼堂管理新模式

一是提供菜单式服务。市文礼办每年年初通过汇总形成《全市渔农村文化礼堂建设工作要点和重点项目》，把基层群众"要文化"和党委政府"送文化"匹配起来，进一步完善"服务大菜单"。市文广旅体局在浙江省首创"淘文化"平台，由政府购买服务，文化礼堂点单，"百团百艺"公益演出广受渔农村群众欢迎。市卫生健康委、市教育局、市公安局、市文联等近十家部门推出"健康素养进礼堂""社区教育进礼堂""反诈禁毒进礼堂""文化惠民进礼堂""三下乡"等系列服务活动，让老百姓受教育、得实惠。

二是实行星级管理制度。严格对照浙江省星级管理考评制度，通过分级申报、现场考评，对统一标识、显著位置设置国旗及当代浙江人共同价值观等必备条件不达标的文化礼堂实行一票否决。全市累计评选四星级文化礼堂148个（次），31家文化礼堂被命名为省级五星级文化礼堂，11人获评浙江省最美文化礼堂人。在新一轮创建活动中，定海区、普陀区、岱山县又先后荣获浙江省文化礼堂建设示范县（市、区）称号，12个乡镇被评为浙江省示范乡镇（街道）。

舟山市六横镇五星文化礼堂

　　三是推进礼堂联盟和中心站制度。在六横建立文化礼堂联盟的基础上，普陀区率先成立全市首个区级文化礼堂联合会，在政府引导下开启自治模式，实现自我管理，区域联盟文化走亲活动更加频繁。岱山县东沙镇试点"文化礼堂中心站"制度，依托文化站指导礼堂开展群众性文体活动，进一步强化中心站的孵化功能，已在全市乡镇（街道）层面推广，区域协同成为文化礼堂重要活动的组织形式。

　　四是探索"红黑榜"奖惩机制。定海区实行"黄橙红"三色预警机制，连续3个月效能指数不理想的，取消补助及星级评定资格。岱山县按照礼堂活动质量和次数赋分，形成"红黑榜"，将结果纳入年度礼堂星级评定、管理员评先评优和乡镇宣传思想文化综合考核。在正向激励下，基层文化资源整合至礼堂的速度明显加快，富有创意的精品活动比重增加，形成"赶学比超"的浓厚氛围。

　　五是推行联村共建共享机制。为解决城中村土地资源紧缺等瓶颈问题，定海区城东街道洞桥村、胜利村联建同心文化礼堂，探索"社工常驻＋社区轮值＋志愿服务团队常来"联动模式，采用第三方运营、跨领域协作、云服务、微宣讲等手段，实现文化惠民效益最大化。今年新建的普陀区陈家后村、永兴村两家文化礼堂，分别携手兴普和安康两家城市社区，突破城中村因拆迁缺少活动场地的制约，实现礼堂共建共享，活动功能互补。

三、突出效能导向，增强品牌特色吸引力

一是培育主流文化，打造"幸福礼堂"。各地深入挖掘红色革命军旅文化、蓝色海洋渔俗文化、绿色海岛农耕文化、金色创业创新文化以及传统非遗文化等多彩文化，建成拥有"蚂蚁岛创业纪念室""朱缀绒事迹陈列馆""军港文化馆""渔业博物馆""五匠馆""风筝馆"等一大批主题突出、特色鲜明的文化礼堂，留住根脉、记忆和乡愁，形成"一村一特色"，铸就"一堂一品"。各地文化礼堂组建"东海渔嫂""潮头新声""红色方言"等特色宣讲团队，宣讲习近平新时代中国特色社会主义思想在浙江的生动实践，宣讲中央全会精神、红船精神、建党100周年、共同富裕等重大主题，还通过"海上讲堂"、文艺快闪等形式，传递好声音。近两年来，共开展各类理论宣讲活动1.5万余场次，覆盖渔农村群众达100万人次，使文化礼堂成为传播科学理论和弘扬社会主义核心价值观的"红色殿堂"，成为渔农村群众感受美好生活的"幸福礼堂"。

二是促进文旅融合，打造"礼堂风景线"。各地加快文旅深度融合，深化全景全域式文化礼堂建设。新建村、干施岙、路下徐、上船跳、花鸟岛、蚂蚁岛、白沙岛等已打造成全景全域式文化礼堂，一个个串珠成线，由"盆景"变为"风景"。今年，定海区在原有11条"礼堂风景线"基础上，增加文创、体育、音乐等元素，小沙街道庙桥文化礼堂主打三毛名人文化风景线，新建村又叠加书香文化礼堂和"未来乡村"运动休

闲产业试点，以"文化＋旅游＋体育"进行融合拓展。岱山县渔山村围绕文化礼堂成立了红色文化旅游有限公司，推出红色传承馆—鱼山教育基地—渔山新村一整条精品线路。

三是礼堂活动赋能，"礼堂日"丰富多彩。各地广泛开展迎春祈福、孝老爱亲、新兵壮行等民俗节庆礼仪活动，评选"最美家庭""道德模范"，崇尚文明，成风化人。渔农民主动参与"我们的节日"系列活动，争当主角，展现新时代渔农村实现全面小康、追求共同富裕的精神风貌。普陀区虾峙镇沙蛟文化礼堂连续两年亮相浙江省"我们的村晚"，渔歌《欢乐年夜饭》《鱼市交响》表演唱以原汁原味的海洋气息感染观众、轰动全场，村民也从"乡土草根"成为"村晚民星"。普朱管委会朱家尖街道东沙文化礼堂的"乡村音乐社"，吸纳交响乐团、合唱队、老年民乐队、渔鼓队等30支1000余人的民间文艺团体，老百姓"唱主角"，"海味儿"音乐齐上阵，成为乡村文化活动主力军。

舟山市定海区特殊艺术进马岙村文化礼堂巡演

　　四是推进智慧应用，探索建立"礼堂伙伴"。各地依托省农村文化礼堂数据管理平台，及时掌握基层文化礼堂的活动组织、媒体宣传等各类信息，利用效能指数进行量化考核。普陀区率先安装气象科普显示屏，滚动播放气象预报预警信息，服务海岛群众，今年又推出村情村史可视化工程，岱山县着手打造有声书房，嵊泗县结合"淘文化点单"和"直播讲堂"模式，提供线上讲座、网上商城和互动教学等服务，让渔民画、渔歌、海洋剪纸等非物质文化遗产通过数字化手段直接走入"云端"。各地积极探索建立"礼堂伙伴"，实现文化礼堂与群团、社会公益组织"结亲"。如普陀区发动残联、妇联、团委、科协、文联等群团组织，开展"群团星　促共富"主题活动，剪纸、渔民画、刺绣、木偶戏等100余场非遗活动送进文化礼堂，满足群众对美好生活的精神文化需求。定海区通过第三方委托服务形式，开展"小岛礼堂"特色服务输送计划，由"美之声"合唱团将文化志愿服务活动定期送进大猫村、五联村等偏远小岛，满足群众的精神文化需求，实现共富路上一个礼堂也不能少。岱山县不断完善中心组进礼堂、千名教师进礼堂、博爱家园进礼堂等伙伴结对机制，"我们的村晚""礼堂唱红歌"成为品牌活动。

　　五是强化融媒宣传，讲好"礼堂＋"故事。依托市县主流融媒体平台，构建宣传矩阵，全方位开展宣传报道。目前，市县和两家管委会均在网站、App上开设宣传专栏，如定海区正在实施"我在礼堂学什么"系列活动，通过"我在礼堂学做风筝""玉米的一生""绿色低碳DIY"来学非遗、学农事、学手工，采制的《文化礼堂变"学堂"　涵养文明新风尚》《幸福礼堂·定有你》等短视频第一时间被学习强国等平台、客户端录用。今年元宵节，普陀区虾峙镇联合六横镇、桃花镇、展茅街道举办了第一季"中国节·爱国情——我们的节日·元宵渔乐会"走亲活动，以文化文艺为媒，互动走亲，亲上加亲。岱山县一些规模较小、条件缺乏的村，积极推动文化礼堂与新时代文明实践站、老年活动中心、党群服务中心融合发展，最大限度满足村民对精神文化生活的需求。今年以来，全市各级媒体专题报道达 500 多篇，特色活动、创新做法、突出成果让文化礼堂成为热词，让礼堂故事成为舆论热点。

四、未来展望

在充分看到成绩的同时，我们也清醒地认识到，海岛文化礼堂始终面临着区域分布散、运行成本高、使用效能低、要素保障难、乡土人才少等现实问题，还面临与新时代文明实践中心的深度融合发展、与其他职能部门的内容供给对接、与基层群众的文化新需求匹配等诸多新挑战。"全覆盖"即新起点，我们将以翻篇归零的心态、系统重塑的理念、迭代升级的要求，始终对标先进，正视困难和不足，以传承红色根脉、弘扬海洋文化、加快智慧应用为引领，全力推进全市渔农村文化礼堂常态长效运行，打造海岛渔农村的文化"新高地"。全面统筹偏远海岛文化礼堂协调发展，把文化礼堂打造成浙江高质量发展建设共同富裕示范区的"重要窗口"，为美丽中国、诗画浙江增添一道道亮丽的文化风景线。

台州：以总部管理体系为基推动文化礼堂提质增能

文化如水，滋润万物悄然无声；礼堂有形，搭载文化丰润人心。十年农村文化礼堂建设，台州始终坚持以习近平新时代中国特色社会主义思想为指引，以"文化地标 精神家园"为定位，深挖乡村文化内涵，构筑基层文化自信，高起点建设、智慧型管理、多功能运用、特色化培育，持续发力，久久为功，为丰富农民群众精神文化生活、推动乡村振兴、促进美丽台州建设提供强有力的支撑，为台州实现"三高三新"现代化建设注入强大文化力量。

一、建设现状

自2013年浙江省统一部署开展农村文化礼堂建设工作以来，台州市委、市政府高度重视，已连续9年将其列入市政府为民办实事项目。浙江省农村文化礼堂建设工作现场推进会于2014年、2020年先后两次在我市召开，市领导多次作交流发言。截至2022年11月底，全市建成农村文化礼堂3138家，行政村覆盖率达100%。全市拥有五星级礼堂257家、四星级礼堂391家、三星级礼堂912家。已建成10家书香礼堂和5家省级特色礼堂试点，其中，临海市东溪单村建成浙江省首家书香礼堂。6个县（市、区）获评浙江省农村文化礼堂建设示范县（市、区），29个乡镇

（街道）获评浙江省农村文化礼堂建设示范乡镇（街道）。

二、特色亮点

1. 以总部管理体系为支撑，搭建礼堂树形架构

为进一步提高农村文化礼堂"建管用育"一体化水平，台州于2018年提出"农村文化礼堂总部管理体系建设"，建立以县级文化礼堂总部、乡镇文化礼堂分部和村文化礼堂理事会为架构的文化礼堂总部管理体系，得到了省领导的批示肯定，并荣获第七届浙江省宣传思想文化工作创新奖。目前，全市已建成9个县级文化礼堂总部、129个乡镇（街道）文化礼堂分部，所有文化礼堂实现了理事会全覆盖。

一是强化配置，落实礼堂人员专职专用。县级总部、乡镇分部、村级理事会都有明确专职人员负责日常工作。此外，县级总部设在当地文化馆或城区具备办公、培训、展示和信息化管理等条件的场所，并落实

台州市黄岩区南城街道山前村文化礼堂

163

相关县（市、区）领导担任礼堂总部负责人；礼堂分部以乡镇文化站为依托，并由相关乡镇领导担任分部负责人；礼堂理事会设立在行政村，由村党组织负责人任理事长，吸纳村干部、新乡贤、文化骨干为理事，共同保障文化礼堂管理运维。二是依托体系，实现礼堂服务精准配送。礼堂总部发挥"指挥站"作用。各县（市、区）整合县级层面、乡镇（街道）层面、社会机构等各类文化资源，建立服务项目数据库，形成能够满足不同需求的配送清单，确保服务"不扎堆、长流水、全覆盖"。礼堂分部发挥"中转站"作用。将部门服务清单和礼堂需求在乡镇礼堂分部进行中转，及时协调对接，进一步"定人、定时间、定场地、定内容"。礼堂理事会发挥"情报站"作用。充分调动礼堂理事会和礼堂管理员能动性，深入了解当地农民群众的实际需求，打破部门输送服务的主观偏好，使配送有的放矢。三是完善制度，确保礼堂运行长效常态。实施礼堂工作"月通报、季点评"制度，依托省农村文化礼堂数据管理平台，根据各地农村文化礼堂效能指数排名情况，要求总部、分部通过一线暗访、工作巡查和第三方评估等方式及时排查发现和帮助基层解决礼堂建设工作中存在的设置不规范、制度不落实、活动不常态等问题。同时，实施管理人员素质提升工程，从党政机关、专业院校、社会团体聘请一批工作经验丰富，懂宣传教育、规划设计、文明礼仪、文化研究等方面的人才，为礼堂"建管用育"献计献策。

2. 以数字化改革为统领，升级礼堂智能化水平

为深化农村文化礼堂总部管理体系建设，充分发挥互联网和融媒体平台作用，提高农村文化礼堂智能化管理水平，台州于2018年开始探索建立农村文化礼堂App和远程视频交互系统。目前，9个县（市、区）的礼堂App均纳入了当地融媒体平台，远程视频交互系统也已实现总、分部全覆盖。

一是立足礼堂智慧管理系统。各县（市、区）的农村文化礼堂App集

中展示了当地文化礼堂工作的成效，包括建设概况、服务清单、活动开展、绩效排名等各项信息，实现了政策实时传达、服务实时上新、活动实时上传、排名实时更新。目前，各地正在积极探索礼堂 App 与浙江省农村文化礼堂数据管理平台的对接，力争更加全面、及时、精准呈现台州文化礼堂各项成果。二是用好远程视频交互系统。远程视频交互系统的建立极大地方便了礼堂日常工作的管理与指导，特别是在疫情常态化防控的背景下，村民们可以"足不出村"参与各类文艺培训、文化体育赛事，等等。比如，天台县文化馆"文艺百师团"舞蹈老师在礼堂总部开展线上云视频舞蹈教学；路桥区举办农村文化礼堂"e家太极秀"，评委们通过远程视频对选手们进行线上评价打分。三是建立"数智礼堂"管理平台。2021年，路桥区被列为浙江省5个文化礼堂智慧服务驾驶舱平台上线试点县（市、区）之一。在原有"礼堂e家"基础上，以"三增加一优化"（即增加体温检测系统、增加消防监测系统、增加视频交互系统，优化效能指数测评系统）为抓手，推出自主研发的"数智礼堂"管理平台，对文化礼堂从硬件到软件、从内容到功能、从管理到运行进行全方位的体系重塑，并重点开展了浙江省农村文化礼堂视频交互直播系统的试点建设，极大地提升了礼堂智慧管理能力。

3. 以"四万工程"为抓手，优化礼堂服务品质

为进一步提高党委政府服务农村工作水平和礼堂服务群众能力，自2019年起，台州组织实施农村文化礼堂"四万工程"，持续开展万场宣讲活动、万场文体活动、万场志愿服务、万场文明礼仪进礼堂活动。坚持政府引导、社会参与、创新机制、提质增效，每年统筹整合市级50多个部门的服务项目资源，着力构建覆盖全市、功能齐全、运行高效、作用突出、群众满意的农村文化礼堂服务供给体系。将党和政府的主张传递到基层一线，将优质公共文化资源送到群众身边，让志愿服务遍布城乡大地。截至目前，全市已累计开展各类活动20多万场。

台州市路桥区路桥街道新路村文化礼堂举办"庆丰收"活动

一是培育特色文化品牌，围绕春节、端午、中秋、重阳、国庆、农民丰收节等重大节日，进一步推广"乡村十礼"，让农民群众在浓郁的民俗礼仪中回味历史，感受传统文化的魅力。组织开展"我们的节日""我们的村晚""我们的村运会""乡村大擂台""民星秀"等系列品牌文化活动，采取电视录播、网络直播、图文直播等方式，不断扩大礼堂品牌活动的关注度和影响力，比如2020年台州市"我们的村晚"文艺演出网络直播在线观看人数高达20万人次。二是提供文化服务产品，引入社会力量。玉环引进天宜社会工作发展中心，打造"文化＋天宜"品牌项目，形成政府牵头、社会文化团队共同参与的文化服务机制，为农民群众提供有温度的文化服务。推出公益培训。温岭倾力打造"乡村艺校"公益培训项目，每年开班500余次，通过文化辅导、艺术熏陶等形式，努力满足农民群众精神文化需求，并在年底组织一次"乡村艺校"文艺团队大展演，汇报培训成果。搭建交流平台。持续开展"文艺名家（名团）展演工程"，举办各类群文赛事，搭建各农村文化礼堂间的交流平台，不断丰富农民群众精神文化生活。三是助力基层防疫战，新冠疫情发生以来，台州各地文化礼堂人始终坚守在基层疫情防控第一线，当好宣传员、守门员、服务员。充分利用文化礼堂室外LED大屏、条屏、音响等设施，滚动播放防疫标语。将防控知识改编成方言白搭、顺口溜，以走街串巷、敲锣"喊话"形式传遍千家万户。在复工复产阶段，充分发挥理事会及志愿者力量，组建志愿突击队，组团式为企业提供志愿帮扶，助力打好疫情防控总体战、打赢经济发展翻身仗。

三、经验启示

推进农村文化礼堂建设必须坚持"建管用育"一体化协同发展，将礼堂真正建设成为广大农民群众的精神家园，推动打造新时代文化高地，着力构建文化高地润富。

1. "建"要彰显特色

文化礼堂建设要坚持高起点、全覆盖，更要因地制宜，避免千篇一律，要深挖当地内涵，深耕历史文脉。台州从"书香""红色""古韵""活力"等主题入手，努力打造"一村一品、一堂一色"，现已形成全面开花的良好局面。

2. "管"要智慧赋能

文化礼堂要活起来、火起来，"总部管理体系"是个有效抓手，台州依托礼堂智慧管理系统，赋予"总部管理体系"智慧功能，实现"人工管"向"智能管"嬗变，同时，推进文化礼堂远程视频交互系统建设，有效突破地域难题，实现网上文化走亲，共享礼堂资源信息。

3. "用"要整合资源

推动农村文化礼堂"大门常开、活动常态、内容常新、队伍常驻、群众常来"，必须要有一个推动礼堂功能发挥的工作抓手。台州整合各类资源和力量，深入实施农村文化礼堂"四万工程"，礼堂使用率不断攀升，群众满意度持续提升，有效破解了"用"的难题。

4."育"要助力共富

充分发挥五星级礼堂的标杆作用，形成争先进位的工作局面，引领全域文化礼堂不断提升。深化文化礼堂与其他多领域的跨界协作，进一步激发乡村文化的深厚内力，让农村文化礼堂成为盘活乡村资源、助力共同富裕的有效载体。

四、未来展望

下阶段，台州将以数字化改革为统领，围绕浙江省"两个先行"、台州"三高三新"现代化建设，贯彻群众需求工作导向，进一步深化农村文化礼堂总部管理体系建设，努力打造数字化特征鲜明的农村文化礼堂2.0版。

1. 注重数字赋能，在礼堂迭代升级上求突破

继续做好浙江省农村文化礼堂视频交互直播试点建设工作，立足台州特色的视频交互系统，着力打造"一堂演　万堂看"，争取成为浙江省可复制、可借鉴、可推广的示范样板。用好礼堂数据管理平台，形成全链条闭环管理模式，确保礼堂基础信息完整精确、活动发布及时有序、评价反馈正面友善、新闻报道积极向上。注重运用数字化手段整合各方资源，不断丰富宣传宣讲、文化文艺等数字内容供给。积极开展文艺、音乐、曲艺、影视、书法、美术等线上线下活动，努力建设现代化乡村文化生活样本。深化点单荐单派单机制，强化数据分析研判功能，科学预测群众对服务内容、活动内容的需求期待，实现精确分析、精准匹配、精细服务，提升农民群众享受文化服务的获得感、满足感和幸福感。

2. 聚焦提质扩面，在礼堂高质量建设上见实效

深入挖掘乡村核心文化元素，继续建设一批主题鲜明的特色礼堂，

探索打造更多元更丰富的特色主题，争取每个县（市、区）都建有省级特色礼堂。聚焦"宋韵文化""数字化微改造"，引导有基础有条件的文化礼堂深入研究并做好相关提升改造，以礼堂为抓手带动村级文化的繁荣兴盛。建设能够与文化旅游、乡村振兴等规划发展相融合相适应的精品礼堂，持续打造一批可学可玩可体验的礼堂精品路线，探索构建文旅融合、文产融合、农旅融合发展模式，让农村文化礼堂真正成为记得住乡愁、留得住乡魂的地标物，进一步激发农村文化礼堂在农村精神文明高地建设、助力共同富裕中的作用。

3. 要注重品牌打造，在礼堂服务供给上抓提升

持续深化农村文化礼堂"四万工程"活动，吸纳更多的市级部门参与到"四万工程"当中，推出更多样更惠民的文化服务，切实打通服务群众、教育群众、引导群众的"最后一公里"。推动农村文化礼堂建设纳入浙江省大花园建设、"百县千碗""万村景区化工程"，聚焦"文化＋"融合发展模式，结合"乡村十礼"等特色文化品牌，进一步发挥农村文化礼堂在激发农村内生动力中的积极作用，盘活农村各类资源，创造更大的经济效益，不断满足农民群众日益增长的美好生活需要。

丽水：发挥好文化礼堂主阵地作用赋能山区共同富裕

在丽水大地，坐落在广袤乡村的一个个农村文化礼堂从无到有、从小到大，由点到面、由"盆景"到"风景"，构筑起丽水乡村文明的精神文化高地。各地不仅将农村文化礼堂作为高标准推进农村公共文化服务标准化、均等化的重要载体，打造集合红色文化、传统文化、休闲文化于一体的农村文化综合体，同时也在积极释放农村文化礼堂的无限潜力，从过去单一的文化娱乐属性向重塑乡村文明、引领乡村振兴、促进共同富裕等多层次、多领域辐射扩散。

一、建设概况

2013年以来，全市上下紧紧围绕"文化地标　精神家园"定位，加强组织领导、形成工作合力，科学合理规划、因地制宜布局，紧扣标准要求、彰显乡村特色，坚持按照"有场所、有展示、有活动、有队伍、有机制，学教型、礼仪型、娱乐型"的要求，同时突出"一村一品、一堂一色"，持续推动农村文化礼堂"建管用育"一体化。截至2022年11月底，全市建成农村文化礼堂1738家，实现应建村全覆盖。

丽水在浙江省首创"星级评定制度"，作为典型案例入选省第五版《文化礼堂操作手册》。制定出台《丽水市农村文化礼堂星级评定管理办法（试行）》，每年择优评定星级农村文化礼堂，有力促进了文化礼堂效能指数不断提升。截至2021年底，全市有五星级礼堂122个、四星级礼堂167个、三星级礼堂192个。在建设共同富裕美好社会的时代背景下，农村文化礼堂已成为思想引领、道德教化、文化熏陶、产业振兴的乡村共同富裕"能量场"。

二、特色亮点

1. 立足乡土特色，形成文化共识，构筑乡村文明公共空间

依托农村文化礼堂，提炼地方文化符号，标识地方文化特色，凝聚起集体的乡土记忆与文化共识，集聚起人气人心，让村民在"身有所栖"后"心有所寄"。

（1）乡土特色熔铸文化礼堂"禀赋"。各地深入挖掘特色文化资源，

遂昌县石练镇淤溪村文化礼堂特色活动"班春劝农"现场

打造有当地文化烙印的文化礼堂，并创新开展各类特色鲜明的礼堂活动，承载起"一方水土一方人"专属的乡愁与情感。如莲都区着力凸显红色文化、民俗文化、畲族文化、书画文化、宗祠文化五大特色；龙泉市重点挖掘青瓷宝剑、农耕、非遗、板龙等特色文化；庆元县斋郎村文化礼堂突出革命老区"红色足迹"印记，将文化礼堂建设成缅怀先烈、继承遗志的红色殿堂。

（2）乡村春晚成为文化礼堂"标配"。丽水乡村春晚群众基础好，历史悠久、覆盖面广，岁岁年年延续着老百姓的故事和集体的文化记忆。庆元县月山村连续42年举办由村民自编、自导、自演的"乡村春晚"，从未间断，现已成为全国乡村春晚的"月山样板"。莲都区以"天天乐"文化活动为基础办"村晚"，青田县突出华侨文化、举办"侨乡中国年"主题的"国际村晚"，云和县突出"百项非遗"特色，缙云县结合当地婺剧特色办"村晚"，松阳县结合古村落办"村晚"，景宁县突出畲乡传统文化特色。截至2021年底，全市创成乡村春晚示范县6个，每年农民自创节目达11000多个，文化礼堂乡村春晚覆盖率100％。在"村晚"的带动下，散落乡村的民间技艺、民风民俗、传统曲艺得以传承发扬。

（3）数字赋能推动文化礼堂"蝶变"。各地积极探索以数字化改革推动文化礼堂迭代升级。遂昌最早运用信息技术将全县120多个文化场所互联互通，让群众在电视端、手机端、电脑端都能参与礼堂活动。这一做法在全市推广，依托互联网打造"云上文化礼堂"，让村民足不出村、掌上"点单"，在家门口共享文化盛宴。庆元湖源村文化礼堂构建"多合为一"的数字化场景，规划打造"学习强国"主题驿站、短视频直播平台、数字会客厅、VR六廊展示等场景，给群众提供更高效、更精准的服务。

2. 助力经济发展，撬动乡村振兴，搭建文化礼堂创富平台

各地以"文"为路，致力于做强"文化礼堂＋"产业链，让地方文

化"用起来""活起来",让老百姓的口袋"鼓起来"、让人们的头脑"富起来",努力拓宽乡村振兴的共富路。

（1）"礼堂＋旅游"，促进文旅融合。以"全域一盘棋"的思路推进文化礼堂建设，将文化礼堂与周边自然及人文景观相串联，形成可游、可赏、可品的旅游精品线路，让文化礼堂成为乡村旅游的热门景点，既丰富旅游内涵，又让传统及地方特色文化得以更好地展示和传播，实现经济效益和社会效益双丰收。景宁县金垟村文化礼堂，组建村民文体活动队，创设"蓝氏宣讲"、婚俗表演等内容，以畲族风情旅游为纽带，依托封金山AAA级景区、彩虹滑道、蓝氏文化体验地，形成"文化旅游线"，极大地拓展了乡村旅游空间。

（2）"礼堂＋项目"，培育发展动能。通过"商业运营＋活动管理"的模式，在文化礼堂引入场地租用、农旅产品零售等，经营主体负责场地维护及部分活动组织，多方参与联合举办各种展览及体育赛事活动，收益反哺文化礼堂建设，保障了文化礼堂有人管、有活动、可持续。松

龙泉市竹垟畲族乡罗墩村文化礼堂

阳县新兴镇上安村，围绕茶文化主题，在文化礼堂布局设置"茶村十景"，并规划传统茶叶种植加工器具展览、手工茶叶炒制展示等功能区块，积极探索茶文化助推乡村振兴；樟溪乡力溪村文化礼堂与力溪连环画艺术馆紧密结合，成立艺术家工作室，为当地乡村旅游厚植艺术底蕴。

（3）"礼堂＋中心"，释放聚合效应。龙泉市各地积极打造"文化礼堂＋"品牌，衍生出仙仁村"文化礼堂＋长寿古茶米展示"、皂口村"文化礼堂＋养老中心"等多种形式，实现主客共享，促进产业事业融合发展。青田县海口村文化礼堂设立电商中心，将当地农民种植的中草药和企业生产的校服在网上销售，产品销量大增；小舟山乡葵山文化礼堂开设旅游接待中心，进一步壮大当地集体经济。云和县坪垟岗村畲族文化展示区、黄家畲村农耕文化体验区、金山下村茶文化体验馆等，以特色文化助力乡村旅游发展。

3. 坚持群众主体，激活共建活力，解码乡村精神共富密码

农村文化礼堂建成后，如何管好用好是关键。各县（市、区）积极探索创新农村文化礼堂社会化管理，让村民成为农村文化礼堂的主人。

（1）推行理事会负责制。理事会作为农村文化礼堂的自主管理机构，理事长牵头制定文化礼堂各项规章制度，发动组织义务管理和服务队伍，筹措文化礼堂运转经费，确保有章理事、有人管事、有钱办事；理事分别负责场馆维护、活动组织、财务收支、对外联络等事务，确保文化礼堂日常运转有序进行。文化礼堂的重大事项，由理事会集体商议决定，或由理事会提交村民代表大会表决。理事会负责制的推出，形成了村民自我组织、自我管理、自我服务、自我发展的礼堂运行机制，让文化礼堂自我管理更加规范、阵地功能更加巩固。

（2）培育志愿者队伍。充分调动群众积极性，发动乡贤促进会、村民议事会力量，整合乡贤能人、创业成功者、文化热心人、乡村志愿者等各方力量出资、出力、出智、出才，加入农村文化礼堂建设中。缙云县三溪源村乡贤捐资修建文化礼堂，陇东村泥瓦匠免费出工修缮老祠堂，栗坑村建立爱心基金、建设"爱心食堂"。庆元县黄田镇整合全镇志愿服务资源，形成"总队—支队—小队"三级联动矩阵式志愿服务机制，打造"礼堂小园丁"全域化志愿服务品牌。各地志愿者队伍的不断壮大，增强了村民的主人翁地位和归属感，也让文化阵地的管理运行更接地气。

（3）扩大共建朋友圈。文化礼堂建设既是民心工程，也是系统工程，需要集合社会多方资源和力量共同来实现高质量可持续发展。各地积极探索多元合作、协同推进文化礼堂建设的新路子。莲都区发起农村文化礼堂联盟，整合地方资源，链接周边的文化礼堂、企业、学校、文化站以及结对联系单位等，构建"文化礼堂朋友圈"。比如，丽新乡文化礼堂联盟，吸引到丽水绿洲农业有限公司、安邦护卫、大德制药等6家优质企业加盟，企业在文化礼堂设立"文化基金""文化驿站"，结对共谋乡村振兴，共筑产业富农。

三、经验启示

1. 统筹谋划，建好设施，是抓好农村文化礼堂工作的前提基础

掌握客观实际，方能做到因地制宜、有的放矢。一是深入基层调研，摸清实际情况。各地在建设初期就专门设计了文化设施摸底调查表，下发至乡镇（街道）进行数据整理、汇总。宣传部联合文广旅体局、文联等单位，开展广泛调研走访，进行动员宣传，摸清"家底"，为做好规划创造条件。二是开展交流互鉴，促进提质培优。为使农村文化礼堂建设少走弯路，主动赴外地学习考察。利用省里组织交叉考评验收的机会，向兄弟市学习好做法、好经验。通过参观学习、借鉴经验，增强对农村文化礼堂建设的感性认识和理性思考。三是坚持做好共性，努

力突出个性。每个文化礼堂确保完成"两堂五廊"的标配建设。与此同时，在文化礼堂建设过程中，充分考虑当地村情村貌、建筑风格与现状，因地制宜开展建设工作。

2. 内容为王，守正创新，是抓好农村文化礼堂工作的关键支撑

服务群众、造福群众是文化礼堂建设的出发点和落脚点。必须有丰富的活动内容，才能不断激发礼堂活力，发挥礼堂作用。一是抓好日常活动，丰富群众生活。组织开展"我们的节日"活动，举办具有地域特色的民俗文化活动。深化"菜单式"服务，文化单位向文化礼堂开展送戏、送书、送电影、送讲座、送培训等活动。各地探索组建农村文化礼堂联盟，开展"文化走亲""文化交流"等，促进文化资源互动交流、共建共享。二是把握价值导向，弘扬传统文化。各地与时俱进创设主题突出、内涵丰富、形式新颖的现代礼仪活动，比如国庆升国旗、春节祈福迎新、儿童开蒙、成人仪式等。深入挖掘家谱族史、牌匾楹联、村规家训等，开展家训"挂厅堂、进礼堂"活动。三是实施文化订制，实现精准服务。做好公共文化服务供需对接，整合有关单位的服务资源，合理设置服务项目，建立涵盖文艺、宣讲、科技、教育、卫生等内容的"大菜单"体系，供农村文化礼堂"按需点单"。健全"文化订制"组织体系，建立群众评价和反馈机制。

3. 建章立制，常态长效，是抓好农村文化礼堂工作的重要保障

加强规范管理，注重发挥效用，全方位构建长效常态新机制。一是强化财力支持，提供资金保障。农村文化礼堂建设工作获得市、县两级党委政府的大力支持。市委、市政府印发《关于推进农村文化礼堂长效机制建设的实施意见》，明确各县（市、区）财政为农村文化礼堂正常运行提供必要的经费保障，原则上每个文化礼堂运行经费每年不少于2万元（或按所服务人口计算，人均不低于20元）。二是强化队伍建设，提供组织保障。市政府印发《关于进一步加强基层公共文化"两员"队伍建设的意见》，通过政府购买公益服务岗位，统筹辖区内"两员"配备，原则上每乡镇（街道）至少配备1名文化员，每村（社区）至少配备1名文化专职管理员，确保"有人管事、有人办事"。市、县两级每年分类组织开展文化礼堂管理员、文化志愿者、"村晚"文艺骨干、"村晚"编导等学习培训活动。三是积极探索实践，形成制度机制。各地积极探索农村文化礼堂"志愿服务""文明实践""星期日"等管理运行机制。各村制订落实文化礼堂日常开放、运行管理及附属设施维护等相关规章制度，使文化礼堂工作纳入常态化、规范化轨道，增强自我发展能力。同时加强对农村文化礼堂运行、管理、使用的考评，并给予一定的奖励。

四、未来展望

1. 农村文化礼堂成为弘扬传统文化、引领乡风文明的精神家园

群众广泛参与，共享文化生活。坚持以农民为中心，开展"村晚"等群众喜闻乐见的文化活动，提倡"农民导、农民演、演农民、农民看"，力争经常有活动、人人都参与。进一步整合资源，以周末剧场、文化走亲等活动为载体，向基层送文化、种文化。文明实践引领，培育良好乡风。开展道德模范、好人好事评选表彰活动，推进社会主义核心价值观进文化礼堂、育乡村新风。

2. 农村文化礼堂成为加强思想引领、促进凝心聚力的红色阵地

开展宣讲活动，传播创新理论。围绕群众关注的时政热点、中心工作、社会趣事等，组织思想理论、形势政策等宣讲活动，举办各类知识讲座、技能培训、法律咨询等活动。赓续红色血脉，传承红色基因。积极挖掘浙西南革命老区红色资源，保护红色遗址，把"忠诚使命、求是挺进、植根人民"的浙西南革命精神融入农村文化礼堂建设中。

3. 农村文化礼堂成为推动乡村振兴、促进共同富裕的赋能基地

深化文旅融合，赋能"山"系品牌。以农村文化礼堂为节点，串联景区、景点、景色，贯通文化、文明、文脉，融合民食、民宿、民俗，培育形成生态休闲、乡村民俗和红色旅游等旅游产品体系。迭代文化礼堂＋，赋能经济发展。深挖礼堂特色文化与文创、美食、采摘、体验、竞赛、展示、康养、户外等结合的多种发展模式，引导形成养眼、养胃、养智、养心等新消费模式，打造"我们的村礼"系列产品，添彩乡村振兴，助力共同富裕。

地方案例

建设村级文化礼堂　构筑群众精神家园

（杭州市临安区）

2012年，临安在浙江省率先开展文化礼堂建设，得到了省委、省政府的高度肯定。2013年3月，浙江省农村文化礼堂建设工作现场会在临安召开，同年，文化礼堂建设被列入省政府十方面民生实事项目，农村文化礼堂建设经验在浙江省全面推广。

一、案例介绍

临安是五代十国时期吴越国创始人、"上有天堂，下有苏杭"奠基人钱镠的出生地和归息地，文化底蕴深厚、民风淳朴。近年来通过"绿色家园、富丽山村"建设，临安农村群众在物质富裕的同时，对精神富有也有了更高诉求。单向的"送文化"活动，缺少精神内涵的娱乐活动，简陋零星的农村文化设施，已不能满足新时期农民精神文化需求，也不适应引领农村文化发展的需要。

民之所需，我之所求。临安市委、市政府因时而谋、顺势而为、迎难而上，以建设农民群众安放心灵、寻找归属、寄托情感的"精神家园"为定位，以"两堂五廊五活动"为内容，利用村庄原有的礼堂、祠堂等进行改建、扩建或新建，着力打造文化礼堂。

2012年，临安市板桥镇上田村建起浙江省第一家文化礼堂，并建成首批50个文化礼堂，引起省委宣传部的高度关注。经省、市宣传部专家组实地调研，决定在浙江省全面推进文化礼堂建设工作。2013年3月，省农村文化礼堂建设工作现场会在上田村召开，决定全面推进文化礼堂建设工作，文化礼堂从"临安实验"变成"浙江省实践"，从"临安盆景"变成"浙江省风景"。2013年，临安获评浙江省农村文化礼堂建设先进县（市、区）。2014年获浙江省宣传思想文化工作特色创新奖。2016年，农村文化礼堂建设入选中宣部全国100个创新案例。截至2020年底，临安全区270个行政村已实现农村文化礼堂全覆盖。2022年，临安再次荣获浙江省农村文化礼堂建设先进区称号。

二、创新亮点

主要体现在首创建设模式、创新主题礼仪、拓展综合功能、激发文化活力、建立制度范本五个方面。

1. 首创"精神家园"建设模式

文化礼堂以"精神家园"为定位，旨在实现从单纯娱乐向更高精神层面的跃升。把礼堂和学堂建成村民集会活动、学习培训的主阵地；通过村史廊、民风廊、励志廊、成就廊、艺术廊，展示村落文脉、村庄发展成就；组织开展传承留记忆的礼仪活动、美德扬正气的评比活动、热闹聚人气的大众活动、惠民树新风的服务活动、开放汇民智的议事活动，注重参与、寓教于乐，使社会主义核心价值观内化为精神追求，外化为自觉行动。以"两堂五廊五活动"为依托，把展陈设施的"静态教育"与活动开展的"动态教育"和谐相融，使文化礼堂具备弘扬主流价值、传承优秀文化、推进基层民主、普及知识技能、开展文体活动等功能，创造了"建筑为基、文化为魂、活动为要、建管用并重"的农村"精神家园"建设模式。

2. 创新推出主题礼仪活动

以"价值引领、服务发展、群众参与、乡村特色"为原则，把"忠、孝、礼、智、信"等传统美德与时代精神相融合，创新推出主题礼仪活动，改变了单调刻板、灌输说教的方式，让群众喜闻乐见、积极参与，在潜移默化中浸润心灵，给文化礼堂植入"礼仪"之灵、"文化"之魂。儿童入学开蒙礼、新人礼在全省农村文化礼堂建设工作现场会上首次亮相，就获一致好评。目前，临安结合重大节庆日和生产生活特定时点，创作、推广了文艺秀才褒奖礼、新任村干部就职礼、参军欢送礼等10余项礼仪，提升了村民对村庄的亲近感、认同感、归属感和荣誉感。

3. 率先打造综合性公共文化服务平台

整合资源，打造五大平台：建好美德展示平台，通过"五廊"，展示先贤精神，学习身边楷模和村民海选出的村庄"最美"人物，弘扬真善美，传递正能量。建好协商议事平台，通过村"两委"述职、"和事佬"进礼堂等活动，密切干群关系，增进邻里和睦，创新农村社会管理。在刚结束的村组织换届选举中，已建成文化礼堂的60个村均实现了零上访，顺利完成选举工作。建好道德教育平台，在学堂举办"一月一主题"的教育活动，积极弘扬社会主义核心价值观；通过文明共建、项目领办，全市23个部门组织文明新风、法制宣传、党风廉政教育进礼堂等活动400余场，传播现代文明、弘扬主流价值。建好产业助推平台，结合各村产业发展特点，举办香榧种植、生猪养殖、农家乐经营等实用技术培训，增强农民致富本领，引导村庄产业发展。建好文体活动平台，组建村书法协会、戏迷联谊会，开展才艺表演、体育比赛等活动，丰富村民文体生活，做到天天有活动、人人可参与。据初步统计，建有文化礼堂的各村参加活动的村民从建成前每月230余人次增加到1570余人次。文化礼堂成了群众家门口的学堂、舞台，村里赌博少了、迷信少了、纠纷少了，邻里更和谐了，干群关系更近了。

4. 激发农村文化发展新活力

文化礼堂提升了村民文化追求的自觉性、自信心，村民登上舞台、走上讲台，从"看客"变成了"主角"，村级宣传文化员、"草根艺术家"成了村文化活动的策划人、组织者和领头雁，全市农村文体队伍从600余支增加到1200多支，文化礼堂建成村的文体队伍均在8支以上，农民真正成了文化活动的主人。农民创作热情被激发，广大村民积极参与创作村歌、村训和Logo，赋予村庄特色文化印记，泥川村村歌在浙江省首届村歌大赛中夺得金奖；通过越剧、快板宣传党的政策，深受村民欢迎。试点村的成功实践，激发了各村对文化的热情，纷纷申报建设文化礼堂。

5. 长效运作机制成为范本

在申报、建设、管理、保障各环节都建立完善的长效机制，先后出台《文化礼堂建设管理制度》《文化礼堂考核办法》等11项制度，使"建管用育"都有章可循，为浙江省和杭州市出台文化礼堂相关制度提供了蓝本，还为全国其他省、市、县提供了借鉴。

三、经验启示

文化礼堂建设，不仅建了阵地、强了队伍、惠了群众，更续了传统、聚了人心、好了民风，得到了省内外广泛关注和肯定，省市领导先后10次作出批示。《人民日报》、央视、新华社、凤凰网等媒体先后9次作了专题报道。来自安徽、北京、吉林、山东、云南等省市宣传系统128批次3500余人次前来考察，省内所有区县市都曾来临安参观考察。

党的十八届三中全会提出："整合基层宣传文化、党员教育、科学普及、体育健身等设施，建设综合性文化服务中心。"临安在这方面作了先行探索和实践。在新的起点上，临安将以时不我待的精神，不断提升文化礼堂建设管理水平，为繁荣农村文化，建设物质富裕、精神富有的新农村而不懈努力。

一村一特色、一堂一品牌

（台州市路桥区）

2014年3月21日，浙江省农村文化礼堂建设工作现场会在台州市路桥区召开。路桥区抓实礼堂建设、丰富礼堂功能方面的先进经验向全省推广。

一、案例介绍

2013年开始建设至2014年6月，路桥区共建成28家农村文化礼堂和1家社区文化礼堂，开展了各种便民、惠民、乐民、育民的活动，取得了良好成效：一是丰富、健康、"接地气"的文化活动让村民乐在其中，农村原有的低俗文化活动逐渐失去市场；二是文化活动寓庄于谐、寓教于乐，传播核心价值，温润社会关系，真正把文明乡风"种"进农民心田；三是挖掘整理包括传统民俗在内的乡土文化，使之在守望与创新中得以传承；四是文化礼堂为政策宣导、知识普及、民主恳谈等提供了主阵地，成为党委政府做好群众工作的综合平台。文化礼堂建设在路桥经历了"怀疑—认同—期盼"的过程，得到了越来越多老百姓的欢迎和支持。

二、创新亮点

路桥在文化礼堂建设过程中，真切体会到文化礼堂建设对于丰富农民精神世界、推进新农村建设的重要作用，并形成了路桥文化礼堂建设的独到之处。

1. 舍得投，持续加大文化礼堂建设推进力度

2013年，路桥专题召开全区文化发展大会，明确提出创建省级农村文化礼堂建设先进区的目标，后又召开农村文化礼堂建设推进会进行再部署、再落实，形成工作强势。及时把村级文化基础设施建设三年行动计划（2012—2014）的内容调整为文化礼堂，保持区财政每年1000万元的投入额度不变，编制《农村文化礼堂建设五年规划（2013—2017）》，安排区财政每年投入1000万元建设资金，镇、村两级则以1∶1的比例配套投入。2013年全区投入农村文化礼堂建设的总资金达2500万元。相对充足的投入为路桥区农村文化礼堂建设的高标准实施、快速度推进提供了有力保障。

2. 抓得实，妥善解决文化礼堂建设用地瓶颈

路桥因地制宜、整合资源，使农村文化礼堂规划设计真正落地。一是将原有设施改建，对一些村部综合楼、基层文化俱乐部进行整修，调整功能布局，对一些宗族祠堂、宗教场所进行改造，实现功能转换，做到不用土地建礼堂。二是在生态公园增建，调整公园规划，充实精神内涵，增建文化礼堂，做到不增土地建礼堂。三是用低效土地新建，结合"三改一拆"等重点工作，用好低效土地利用等优惠政策，优先保证农村文化礼堂新建用地指标，盘活土地建礼堂。

3. 挖得深，充分展示文化礼堂建设特色内涵

路桥组建文化挖掘指导组、美术设计指导组、礼仪活动指导组三支

专家指导团队，下村驻点，深入群众，听村史、看家谱、观民风，梳理民间记忆，提炼礼堂特色，努力打造"一村一品、一堂一色"。在建筑上统筹自然环境、乡土文化、形态结构和功能特征等个性条件，务求精心设计，认真落实农村文化礼堂建筑设计的创意和布局，做到精致建设，建成体现耕读传统、展现渔家风情、重现古建精彩、凸显英雄故里等不同风格的文化礼堂；在内容上挖掘村里历史文化名人、文化遗产及特色产业等题材，建成产业展示、名人纪念、民俗体验、乡村记忆等各具特色的主题墙、文化廊、文化园，用本土性的元素表达核心价值理念，使村民的自豪感和归属感得到提升；在活动上整理当地礼俗文化内容、发掘当地传统文化样式，大力推陈出新，使开蒙、成人、敬老等礼仪活动和花鼓、莲花、舞龙等文体活动形成当地的一大特色。

4. 想得远，切实发挥文化礼堂建设长效功能

路桥推出建立农村文化礼堂理事会、实行星级考评等一系列制度，搭班子、立规矩，保障农村文化礼堂高效管理、自主运转和有序使用。组织实施领头雁计划，加强本土文化人才培养，努力打造一支扎根基层、扎根乡村的文化工作者和志愿者队伍，使他们真正成为农村文化的耕耘者。注重发挥农村文化带头人和业余文化团队的作用，每村派送一名文化指导员引领带动广大村民积极参与，不断增强对文化礼堂的亲近感和认同感。

三、经验启示

文化礼堂的建设，为农村的文化发展提供了文化活动空间，有助于推动形成共同的文化价值观念，有利于提升农村社会认同感，重构农村的社会秩序。通过利用原先有组织、无组织的公共文化活动空间，重新组建一个相对集中的农民生活娱乐场所和平台，开展文体公益培训、居

家养老服务、敬老助残志愿活动等公共服务，丰富农村的传统文化，弘扬民间的习俗文化，凝聚群众的乡情力量，改善农民的精神状态，焕新农村社会面貌，促进社会和谐稳定。

"123"模式助推文化礼堂2.0升级版

（德清县）

2015年4月21日至22日，浙江省农村文化礼堂建设工作现场会在德清县召开，德清县探索实施以"乡贤文化"为核心，以"文化文明"为两翼，以"三项融合"为支撑的"123"模式向全省推广。

一、案例介绍

德清县以"打造农村文化地标、建设农民精神家园"为目标，始终坚持"农民建、农民管、农民用"，全面提升农村文化礼堂的建设管理使用水平，打造"精神充盈"的红色阵地。2015年起，德清县探索实施以"乡贤文化"为核心、以"文化文明"为两翼、以"三项融合"为支撑的"123"模式，培育礼堂"德"文化，全面开启文化礼堂建设2.0升级版。截至2022年6月30日，全县共建成农村文化礼堂137家，全县500人以上行政村实现全覆盖，累计投入超过2亿元。

二、创新亮点

1. 以"乡贤文化"为核心，增强村落文化内生力

一是推动法治建设。推行"一村一律师"和"一村一乡音"服务，

提供涉及婚姻家庭、民间借贷等方面"法律门诊"和法律知识"乡音宣讲"服务，打通法律进村"最后一公里"；二是强化自治建设。普及"一村一公约"和"一村一参事会"，鼓励乡贤参与村规民约提炼简化工作，提供决策咨询、民情反馈等乡村治理工作，当好村"两委"的"智囊团"；三是弘扬德治建设。推广"一村一评议"和"一村一韵味"，常态化开展"最美家庭""美丽德清嫂""好婆媳"等评选活动，组建美图团、美文团、美工团服务"美丽家庭、美丽阳台、美丽庭院、美丽门面"四美创评活动，提振乡村文化自信力。

2. 以"文化文明"为两翼，重塑乡村文化形态

一是以文化人，发挥文化引擎效应。推出乡村文化充电宝、一村一名规划师、写家风传家训等文化志愿服务，重点提升33支星级民间艺术团的文化自生力，全年累计开展"送文化"和"种文化"活动1200余场。二是以德树人，发挥道德催化效应。推出村民草根奖、道德信贷工程、两课工程、"微村志"编撰等道德品牌，常态化开展由高燕萍、陆松芳等200个道德模范参与的宣讲活动，不断推动社会主义核心价值观落小落地。三是小善暖人，发挥人文关怀效应。推出村级慈善基金、国学讲堂、微心愿认领等活动，不断催生村民的幸福感。

3. 以"三项融合"为支撑，"礼堂＋"思维吸引村民回归

一是"礼堂＋电商经济"，吸引"8090"青年回归。推出电商培训、淘宝创业大赛、众创管理咨询等十类专项服务和活动100余场，孵化出"农村淘宝"70家，实现电商销售额1400余万元。二是"礼堂＋美丽经济"，助力"6070"人员增收。推出"洋家乐"管家培训班、厨艺PK赛、莫干"宿盟"和民宿管家自治队，推动高端民宿经济发展，"6070"人员成为民宿服务员和土特产的推销员。三是"礼堂＋分享经济"，传承"4050"非遗技艺。邀请艺术家、年轻创客、"4050"非遗传承人走进非遗展示馆，把竹扇、蓑衣等非遗文化再造成可消费的时尚元素，以筏头乡

为代表的德清非遗文化成为米兰世博会中国国家馆的闭幕压轴展。

三、经验启示

1. 农村阵地得到进一步巩固

庙宇改建取得突破，全县共有 47 家小庙小庵改建为文化礼堂等公共文化服务设施，改建面积达到 12040 平方米，进一步扩大"红色地带"。"星期日活动"得到推广，利用周末时间开展"走乡村·读乡村·爱乡村"乡村阅读活动、文化志愿服务活动，年均开展 400 余场次，星期日活动逐渐转化为村民的习惯。多项成果创浙江省第一，包括组建第一个乡贤参事组织，首创"三礼一歌"礼仪传习活动，建成首家企业文化车间，最先设立村民草根奖，东衡村文化礼堂成为浙江省唯一获全国"双服务"先进集体的文化礼堂等。

2. 乡贤文化得到进一步彰显

"乡贤参事"成为中国农村社区治理新亮点，目前乡贤参事会已在全县行政村实现全覆盖，累计参事 4125 次、服务 5633 次，受惠群众达 18 万多人次，有效助推乡风文明建设。民间设奖不断涌现，新设了"平民治水奖""金卫好家庭奖"等 21 个村民草根奖，"村民设奖奖村民"的新风不断传承。人文关怀蔚然成风，截至目前慈善总会村级工作站、村级慈善帮扶基金在全县 137 个行政村全覆盖，累计募集公益基金超 1.2 亿元，凡人善举催动民心凝结。

3. "德"文化得到进一步弘扬

"德清嫂"品牌日益响亮，越剧《德清嫂》作为省政府公共文化采购项目，完成浙江省农村基层巡演 160 余场，受众达 20 余万人，两次登上国家大剧院舞台。"最美"现象不断涌现，依托文化礼堂评选出"德清好人""最美家庭"等各类典型示范，截至目前全县涌现出"时代楷模"群体1个、全国道德模范2人、全国道德模范提名奖3人，浙江省道德模范7人，"最美"现象逐渐从"风景"变成"风尚"。道德关怀日益具体化，以道德做担保、用文明来贷款，金融机构优先为"最美家庭"提供优惠信贷支持，累计发放道德信贷51.3亿元，受益家庭达5046户。

探索"建管用育"一体化机制
推进农村文化礼堂可持续发展

（东阳市）

2016年4月12日至13日，浙江省农村文化礼堂建设工作推进会在东阳市召开。东阳市"建管用育"一体化的先进经验向全省推广。

一、案例介绍

经过三年来的探索实践，东阳市在浙江省率先对农村文化礼堂实施星级动态管理，为全省推出农村文化礼堂星级管理办法进行了有效探索。同时，通过设立农村文化礼堂公益金，组织开展"十比十看"和传家训树家风等系列活动，扎实推进了农村文化礼堂建设工作可持续、常态化发展。东阳市文化礼堂建设经验被中央电视台、《人民日报》等多家主流媒体报道。2014年，东阳市获评浙江省农村文化礼堂先进县（市）。

1. 注重风格"特色化"

突出"一村一品、一堂一色"，把文化礼堂打造成承载乡愁、展现乡风的"村庄客厅"。一是统筹现有资源"改造"。把村内闲置的宗族祠堂、大会堂等场所，改造成传播先进文化的"红色殿堂"，如蔡宅村和甘东小区的文化礼堂。二是拔高标准"新建"。选择一批基础较好的村，打造精品示范点。三是融入地方文化元素。在原有基础上因地制宜融入木雕、竹编、建筑、影视等文化元素。如单良村的农耕文化·乡愁记忆馆、北后周村的竹编文化馆、雅堂小区的横漂影视文化馆，都实现了主流文化与乡土文化的有机融合。

2. 注重管理"制度化"

确保"有钱办事"，建立"市级财政拨一点、乡镇财政补一点、村里出一点、能人捐一点"的资金筹集机制，市财政连续三年拨款1200万元，民间捐资累计达6000多万元。确保"有人做事"，在市、镇、村三个层面建立文化礼堂促进会，吸纳专业人士提供精细指导，选聘专职管理员，负责日常运维。

3. 注重活动"常态化"

利用文化礼堂，组织一系列"接地气"的文化浸润活动。开设道德讲堂，依托乡音宣讲团，围绕社会主义核心价值观等内容，用东阳方言讲出"大道理"。2015年共巡回宣教1000多场次，受教群众10万多人次。弘扬孝文化，在重要节日举行开蒙礼、敬老礼等礼仪活动。如每年重阳节，单良村文化礼堂举办"敬老礼"活动，在家训长廊领悟家规家训，广泛开展"寻找传统家训"和"寻找老故事"活动，共挖掘历代祖辈家训386条、老家风故事420个。

4. 注重服务"品质化"

一方面，将文化资源配置向农村文化礼堂倾斜，推进"菜单式"公共文化服务配送平台建设，由文化部门组织开展戏曲电影展播、艺术技能培训等文化服务下乡，打通农村公共文化服务"最后一公里"。另一方面，整合村内现有资源，组建帮帮团、志愿服务队，承接送医下乡、送技下乡等活动，为村民提供医疗卫生、法律援助等公益服务，进一步提升群众的幸福感和满意度。

二、创新亮点

1. 推出星级动态管理办法

东阳市在浙江省率先推出了星级动态管理办法。东阳市委、市政府研究出台了《东阳市农村文化礼堂星级动态管理办法》，详细列出了星级评定程序、经费补助标准、动态管理细则等内容，并制定了《东阳市农村文化礼堂管理运行考评标准》，分组织保障、内容建设、队伍建设、文化培育、群众评价、特色工作加分等六大块，明确了32条考评标准，同时注明了必备条件和否决事项。

2. "十比十看"——"比"出活力，"看"出精彩

为深入推进农村文化礼堂建设，切实发挥农村文化礼堂作用，东阳市委、市政府研究下发《关于在全市农村文化礼堂开展"十比十看"活动的通知》，在全市农村文化礼堂组织开展了"十比十看"活动。"十比十看"具体内容为：比生动，看内涵；比个性，看风格；比规范，看机制；比尽心，看履职；比活跃，看活动；比持续，看保障；比给力，看服务；比热心，看奉献；比口碑，看满意；比出彩，看成效。精心设置了29项细则，内容贯穿文化礼堂"建管用育"全过程。

3. 探索成立农村文化礼堂公益金

建立"市级财政拨一点、乡镇财政补一点、村里出一点、能人捐一点"的资金筹集机制，积极动员乡贤能人回报桑梓。在甘东、单良、蔡宅等文化礼堂探索成立农村文化礼堂公益金，专用于文化礼堂建设和礼堂各项活动的开展，并制定《文化礼堂公益金的使用和管理办法》，设立文化礼堂公益金账户，定期向村文化礼堂工作理事会和村民代表会议汇报公益金收支情况，并及时向全体村民张榜公布，自觉接受捐资者与村民监督，确保资金使用的公平、公正、公开。建立了考核机制，加强对

文化礼堂公益金规范合理使用的监管。

三、经验启示

1. 为浙江省星级礼堂评定探索迈出实质性步伐

《东阳市农村文化礼堂星级动态管理办法》有效地创新、深化、提升了农村文化礼堂规范管理和常态使用水平，为实现文化礼堂可持续发展，推动形成"大门常开、活动常态、内容常新"的状态提供了参考依据，也为2017年浙江省推出《农村文化礼堂星级管理办法》提供了样本，进行了有效探索。

2. 为践行以群众为中心的使用导向作了较好示范

现场会通过"十比十看"活动，有效提升群众的参与热情，增强了群众对文化礼堂的认同感、归属感和自豪感，形成文化礼堂你追我赶、争先创优的良好氛围。有效整合了全市的优质资源，汇聚多方智力，充分调动各市上下积极性，为文化礼堂"建管用育"提供最周到、最精准的指导和服务，不少部门单位由原先的旁观者变成了"战斗员"，不少群众由"观众"变成了"演员"，实现了文化礼堂"建管用育"等各个环节质的飞跃。

3. 为吸引社会化力量参与礼堂"建管用育"点燃了热情

通过设立文化礼堂公益金，有效确保了文化礼堂"有钱办事"，加强宣传主动、自愿捐款的村民或团体，使这种乐于助人的"善行"典范家喻户晓，达到善行深入人心之目的，有效增强了村民愿意出钱投资文化礼堂建设和后续管理的强烈意愿，推动文化礼堂可持续发展。

以独立法人理事会制
激活文化礼堂自治发展

（海盐县）

2017年4月17日至18日，浙江省农村文化礼堂建设工作现场会在海盐县召开，海盐县"独立法人理事会制"经验向全省推广。

一、案例介绍

海盐县探索独立法人理事会制度有效运行，以百步镇得胜村文化礼堂为试点，启动农村文化礼堂理事会民办非企业单位法人登记，从"人员、资源、来源"三个方面入手，健全长效机制建设，提升礼堂自治管理能力。

二、创新亮点

1. 创新"人员"构成，搭建礼堂自治平台

打破由村"两委"班子构成的传统理事会组建模式，构建由村干部、村级专职文化管理员、当地热心文化人士组成的三级立体化管理格局，充分发挥专职文化管理员与村民代表的活动建议权。同时以热心文化人士为法人代表，经文化礼堂申报，县文化广电旅游体育局审核，民

政局审批，为礼堂分发民办非企业单位登记证书，礼堂可提供政策宣讲、文艺演出、专题培训等社会化服务，目前全县已有27家文化礼堂获得民办非企业单位法人登记证书。

2. 整合"资源"共建，提供礼堂自治支撑

基层综合性文化服务中心应当加强资源整合，通过理事会平台的打造，进一步丰富礼堂的资源。如得胜村文化礼堂，借助民办非企业单位的设立，将热心文化人士拥有的价值21万的灯光、音响设备与4支演出团队输入礼堂，扩充礼堂设备与人员资源，形成共建氛围。同时充分发挥村级专职文化管理员、文化志愿者、乡贤能人、企业文化教员等理事会成员的才能优势与理事会团体的人员优势，以理事会运行机制为支撑，着力培育礼堂团队，提升自我服务能力。

3. 解决"经费"来源，完善礼堂自治保障

除县镇每年财政投入经费外，得胜村文化礼堂尝试通过独立法人理事会的运作多方筹集运行经费。一方面，结对共建单位募集，其中县公路运输管理所资助的5万元作为礼堂活动经费。另一方面，接受社会购买服务，与县文化广电旅游体育局签约，承办县百场文艺演出下基层、迎春送文化下基层等活动，供给经费20余万元。与百步镇签约，承办百步镇送戏进村巡回演出、第五届全民文化节、文化走亲、送戏入户等系列文化活动，由百步镇提供经费5万元。通过系列活动的承办，筹集了部分礼堂的运行资金，也使团队得到了充分培育，为进一步做强礼堂的自治提供了保障。

三、经验启示

提升文化礼堂的自治运行能力，是文化礼堂走向可持续发展的必经之路，海盐试点通过民办非企业单位独立法人的设立，使文化礼堂理事

会充分与社会接轨，扩充礼堂资源建设，以社会化的服务来培育礼堂团队，充实礼堂日常运行所需。

乡风为根　内容为叶　管理为干

（温州市鹿城区）

2018年4月12日，浙江省基层宣传思想工作暨农村文化礼堂建设工作推进会在温州市鹿城区召开，鹿城区以乡风建设抓内容促管理的经验向全省推广。

一、案例介绍

鹿城区现设12个街道2个镇，下辖89个社区89个行政村。2013年5月，借助省委、省政府关于建设农村文化礼堂的东风，鹿城区率先启动文化礼堂试点建设，在鹿城区山福镇建成温州市第一家农村文化礼堂——驿头文化礼堂。恰如一夜春风来，此后文化礼堂如雨后春笋般出现，犹如繁星点缀在鹿城大地的农村、社区、企业和学校，成为新型文化综合体、群众精神新家园、社会文化主阵地。

截至2017年底，鹿城区已建成文化礼堂90家，其中农村42家，城市社区43家，民营企业3家，学校2家。鹿城区着力在精品礼堂建设和管理运行机制创新上下功夫，在"建管用育"各方面工作上实现突破，连续4年被评为全市文化礼堂建设先进县（积极县）；"文化礼堂社会化运行""瓯越名师坊""百姓话讲百姓事""童心学堂"等品牌活动先后作为创新案例入选省、市文化礼堂操作手册。探索推出了服务配送、志愿驻堂、共享礼堂等一系列文化礼堂创新制度，举办了"文化礼堂主题年""我们的舞台 我们的风采"礼堂巡演、"瓯越名师进礼堂"等特色活动，年均开展各类文化、礼仪、宣讲等活动3500场，年均参与群众达30万余人次。

二、创新亮点

鹿城区以乡风为根，内容为叶，管理为干，抓覆盖，促提升，做好文化礼堂设施建设、内容建设、机制建设，扎实推进全区文化礼堂事业发展，建成如七都街道樟里文化礼堂般有着浓郁乡风的农村文化礼堂，如松台街道庆年坊文化家园、桂柑文化家园，是音韵书香、幸福守望的社区文化家园，如康奈文化俱乐部，是因地制宜、独具特色的拓展型文化礼堂，等等，让文化礼堂在鹿城大地上花开满园。

1. 以乡风为根，为礼堂之花注入"精妙"灵魂

独特的乡风社风犹如文化的强大根茎，提供养分，注入灵魂，让鹿城文化礼堂茁壮成长。樟里文化礼堂坐落于樟里村虹桥头，各大功能场所总面积达2000多平方米。礼堂建设点亮了该村的振兴之路，使得文化、经济、生态等各项事业蓬勃发展——在樟里几乎家家户户门口都挂着古色古香的木质家规家训牌，好家规涵养了好家风，好家风涵养出了文明乡风，带动文创产业在此迅速崛起，30多家文创企业和工作室相继入驻，众多艺术家和文创者汇聚于此安营扎寨，人居环境焕然一新。先后被评为省文明村、省AAA级景区村，获温州市五美乡村示范村等荣誉称号，成为温州"网红村"，游客们纷纷走进樟里村学习、考察、旅游。在鹿城文化土壤上，乡村文化礼堂生根、抽芽、成长，社区文化家园也在不断破土而出。如十八家文化家园以"家文化"为内核，设置陶艺之家、百家讲堂、书香之家、民俗之家等20余个功能场馆，为居民提供丰

富的文化服务，其中"民俗之家"特色展陈馆集中陈列展示了历史悠久、特色鲜明的瓯瓷、瓯绣、瓯塑、米塑、木偶等温州传统工艺，展示了十八家板凳等民俗文化道具，再现社区传统节庆娱乐活动形式，吸引大批居民参与，成为培育群众文化的基地。

2. 以内容为叶，为礼堂之花合成"精品"养分

车如流水马如龙，文化礼堂正春风，要让每位居民感受到文化之美，离不开繁茂的"树叶"，即打造喜闻乐见的精品内容。鹿城区松台街道桂柑文化家园推出以"邻里＋慈孝"为特色的"慈孝生日会"活动品牌，弘扬传统孝道文化，吹起邻里和谐、家庭和睦的文明之风，形成了独具特色的老城区文化家园品牌。将每个月第二个周日定为"桂柑慈孝日"，邀请当月生日的80岁以上老人来到文化家园举办"慈孝生日会"，开设慈孝讲坛，讲述身边的慈孝故事。设置亲情停车位，探望父母可免费停车2小时，等等。引导辖区居民践行孝道，弘扬传统孝道文化，传递了满满的正能量。"百姓来讲百姓事，百姓说给百姓听"，鹿城推出市民宣讲"文化礼堂＋"模式，在文化礼堂开展"精品微党课"授课比赛、文化礼堂"故事汇"等系列主题活动，挖掘"温州话散讲大王"陈永锡、红色民企CEO傅剑文、优秀基层宣讲骨干杨以付等一大批市民宣讲骨干，突出宣讲本土化、讲师群众化、载体多样化的宣讲特色，深入浅出、通俗易懂地开展宣讲进礼堂活动，让党的创新理论"飞入寻常百姓家"。

3. 以管理为干，为礼堂之花增添"精神"动能

以星火燎原的特色乡风文化来扎根，以丰富多彩的精品内容为枝叶，还需要以粗壮的枝干支撑，才能让礼堂之树健康生长，开花结果。鹿城区庆年坊文化家园引入了"社工管理、社团入驻、社会运作"的"管家班"长效管理机制，巧借群众力量，打造多元化文化家园。管家班6支服务团队、近200名社区义工把文化家园当成自己的家，用金子般的

善心、细致入微的贴心服务和高度的责任心，助力社区文化家园建设；爱乐团、左邻右里读书会、洞箫班等12支文化社团相继入驻，天天有活动，月月有演出，吸引了一大批辖区居民参与，成为培育群众文化的基地。"丰门红港"文化礼堂通过委托社会团队"爱心屋"运营，积极探索专业社会组织参与礼堂管理模式，通过社工专业管理助推礼堂活动常规化、社工专业发布助推受众智慧化、社工专业策划助推工作品牌化，积极构建文化礼堂的专业社工长效管理机制。该模式不仅降低了街镇和社区工作强度，更使得文化礼堂的活动运营实现常态化、专业化，全面提升了文化礼堂的服务质量，同时也激发了社会团队的潜力。

三、经验启示

鹿城区围绕设施建设、内容建设、机制建设，从无到有，从点到面，让文化礼堂遍布城市乡村的各个角落，呈现出一派春草满园、花开遍地的喜人景象。农村文化礼堂、社区文化家园，以及学校文化礼堂、企业文化俱乐部等拓展型文化礼堂结合各自不同的定位和目标，打造出各具特色的场景、内容品牌和运行机制，提供了多样化的文化阵地建设范式和运作样本——不管是乡风民俗、家"和"文化、"温州模式"等主题定位，还是"瓯越名师坊""百姓话讲百姓事""童心学堂"等品牌，还是"管家班"、社会团体社会化运作等模式，都是推动文化礼堂"建管用育"工作的可行路径和可持续发展模式。

"四力兴堂"助推文化礼堂2.0时代

（宁波市鄞州区）

2019年4月18日至19日，浙江省农村文化礼堂建设工作现场会在宁波市鄞州区召开，鄞州区"四力兴堂"模式经验向全省推广。

一、案例介绍

宁波市鄞州区农村文化礼堂因开展建设早、覆盖率高等原因，率先进入"'建管用育'任务并重""服务实践功能凸显"的2.0时代。面对2.0时代的新情况、新问题，鄞州区聚焦"建管用育"先行探路，以"结对聚力"汇集资源、"市场活力"提升运营、"部门合力"统筹供给、"名家助力"打造精品，探索形成了"四力兴堂"模式经验。

二、创新亮点

做大阵地建设朋友圈，"结对聚力"汇集资源。开展"乡贤驻堂"结对，邀请村里见识广、威信高的乡贤能人挂帅文化礼堂工作，帮助把关设计、施工、撰稿、布展等环节。推进"社会共建"结对，组织区内文明单位、优秀企业与文化礼堂共建，提供丰富多样的共建帮扶。实施"村社共融"结对，积极发挥以城带乡、以社带村的功能，发动社区与文化礼堂结对共融，通过10个社区文化家园与10个星级礼堂试点结对，推动社区资源进礼堂。

探索服务采购新模式，"市场活力"提升运营。建立"礼堂联盟"方式，组织第三方机构，以"1＋10"的规模（1个机构带10个左右礼堂）组建礼堂联盟，由第三方机构负责挖掘村落文化，策划文艺活动，组织文化走亲。区镇两级向第三方组织采购服务，解决农村文化礼堂缺专业设备、缺创意策划及配送活动落地执行难的问题。推出"中央厨房"方式，通过政府购买公益服务的方式，集中组织示范活动，垂直配送至文化礼堂。创新"以馆养堂"方式，在确保公益性的情况下，将礼堂部分场馆交由专业公司托管，产生的收益反哺文化礼堂购买服务。

建立活动统筹指挥部，"部门合力"强化供给。依托文化馆、文化站建立区镇两级服务指导中心，镇级农村文化礼堂服务指导中心每年年初指导各村文化礼堂制定年度活动计划，充分了解、收集各礼堂在文艺文化、政策宣讲、社科普及等方面的需求，及时上报区级服务指导中心，为精准配送打下基础。抓实活动组织统筹，针对单场农村文化礼堂活动参与人数少的问题，采取多村联办、文化走亲、共享同乐的方式，由镇级服务指导中心发布公告，组织活动举办村和周边村共同参与，力求每次活动参与人数50人以上，不走过场。

引入文艺创作主力军，"名家助力"打造精品。立足"国家公共文化服务体系创建示范区"优势，开设"一人一艺"课堂，每年为礼堂管理员提供2期业务培训，定期开展文艺技能培训。深化"一会两堂"培育，发动13个文艺协会，按照"组建一支队伍、组织两次走亲、送去三场服务、合办四次活动"的要求，帮带两个以上礼堂。协会艺术家将文化礼堂当作采风、展示和授课基地开展"名家蹲点"培育，打造文化文艺精品活动。此外，每年举办"乡村之间文化擂台赛""阿拉艺起来"文艺大赛等精品赛事活动，催生文化礼堂优秀文艺作品。

三、经验启示

实现文化服务全覆盖。鄞州区"四力兴堂"模式有效解决了文化礼堂资源供给不充分、不精确的难题，近年来，鄞州区持续整合文艺演出、电影下乡、微型党课、社科宣讲、科普讲座等活动资源，不断丰富、更新文化服务资源配送菜单，各文化礼堂点单积极性持续高涨，2018年至2022年，全区125项礼堂服务菜单的点单率超过95％。

实现长效管理全过程。当前，礼堂运行效率、质量和成本是基层关注的重点，近年来，鄞州区"四力兴堂"模式逐步探索完善了第三方托管、公益服务购买等方式，实现了礼堂运行效率、质量和成本"两升一降"。如邱隘镇回龙村文化礼堂将泳池和健身房托管，托管公司承担整个礼堂近10万元的运营经费，每年还上缴16万元利润给文化礼堂。

实现礼堂建设全参与。如何向外借力借势是文化礼堂扩大影响的关键，近年来，鄞州区"四力兴堂"模式广泛发动乡贤能人、城市社区、文明单位与文化礼堂结对，通过做大朋友圈，取得共建共融的"化学反应"。如全国文明社区丹顶鹤社区与全国文明村陆家堰村结对，其文化走亲活动获央媒报道。

实现队伍培训全方位。文艺团队是文化礼堂开展日常活动的重要支撑，近年来，鄞州区"四力兴堂"模式吸引优秀艺术家和文艺骨干走进礼堂，为基层提供全方位培训服务，并通过举办艺术普及讲座、艺术欣赏演出，带出了一批摄影、书法、舞蹈、美术、曲艺等方面的村落文化领头人。

打造"一中心四平台"智能运行体系
构筑村居数字文化共享圈

（临海市）

2020年5月28日，浙江省新时代文明实践中心暨农村文化礼堂建设工作推进会在临海市召开，临海市"一中心四平台"智能运行体系建设经验向全省推广。

一、案例介绍

临海市已建成农村文化礼堂618家，是浙江省农村文化礼堂建设示范县（市、区），现有浙江省农村文化礼堂建设示范乡镇（街道）3个，五星级农村文化礼堂36家，四星级农村文化礼堂14家。2019年底，临海被列为新时代文明实践中心建设第二批全国试点县（市、区）。成立全国首个在民政机构注册的新时代文明实践基金会，额度达2200万元。

临海市以共享理念和数字化手段打破空间壁垒，实现资源、活动、场地和成果共享，依托临海市融媒体中心，以技术引领赋能新时代文明实践中心、农村文化礼堂建设，创新打造"一中心四平台"智能运行体系，在新时代文明实践和文化礼堂融合传播体系上，探索出富有临海特色的新路径，打通服务群众的"最后一米"。

二、创新亮点

一是一体化集聚资源，打造"文化礼堂智慧管理平台"。以文化礼堂总部管理体系为抓手，按照理论、教育、科技、文化、网络、健康体育六大平台分类管理，实现文化活动资源的统一调度和配送。整合全市48个部门单位和37家社会组织的志愿服务资源，形成108项服务菜单，上架平台，通过"掌心临海"App实现文化礼堂志愿服务在线点单，平台实时派单，志愿者在线接单，还能对服务成效进行评价，实现服务资源的精准化对接。截至目前，在云平台注册的志愿者数达19万人，志愿服务信用时数达到359.1万小时。如2020年疫情防控期间，共接到志愿服务下单6457次，参与志愿者10万余人次，直接服务60万余人次。

二是智能化运行评估，打造"文化礼堂智慧管理平台"。将文化礼堂智慧管理平台整合到融媒体"掌心临海"App中，涵盖礼堂地图、礼堂秀场、礼堂指数、测评记录等9个板块。建立文化礼堂活动项目赋分体系，对文化礼堂开展的每项活动予以分门别类，根据活动难度、规模、影响力、教育意义设置不同分值，实现每个活动的差异化赋分。除常规的自动化赋分体系，针对有特色、有创新、有社会效益的活动，总部管理员可灵活赋分，鼓励文化礼堂在提升活动数量的同时，提升活动质量。各村文化礼堂管理员上传的活动图文，经分部、总部管理员审核后，自动生成了积分和动态排名表，总部每个月对积分排名靠后的文化礼堂进行通报和指导。根据《临海市农村文化礼堂规范化管理运行评定办法》，将年度指数30分以上的农村文化礼堂纳入奖补范围，每年最高可获得奖补资金4万元。文化礼堂智慧管理云平台实现了对全市农村文化礼堂建设、管理、使用等情况的精准化、动态化记录和分析，是进行量化考核、组织星级评定、开展经费补助的重要依据，也激发了文化礼堂的内在活力。

　　三是可视化精准服务，打造"文化礼堂电视学习平台"。作为文化礼堂数字化工作的重要延伸，将电视学习平台嵌入临海华数TV首页，为临海18万数字电视用户提供服务，满足不同年龄结构群众的现实需求。涵盖"学习强国""我们的礼堂""我们的节日"等9个大板块，25个子板块。学习知识、收看活动是本平台的重要功能定位，让广大群众足不出户就能将最新的政策精神、理论成果、文体演出尽收眼底。出台电视平台积分兑换方法，以相应的时长积分兑换来年的数字电视折扣券等，深受电视用户的欢迎。

　　四是一体化互动协同，打造"文化礼堂视频交互平台"。结合"雪亮工程"建设，在全市文化礼堂总部、分部和村级文化礼堂安装视频交互系统，给农村文化礼堂运行管理装上一双明亮的"慧眼"，实现礼堂远程实时指导、即时服务和常态管理。总部、分部和文化礼堂管理人员可以实时在线查看文化礼堂活动开展情况，召开视频会议，开展远程宣讲培训等。通过交互平台的切换调配，将开展的活动实时呈现给手机用户和电视观众，达到资源全民共享。如2020年举办的深入学习贯彻习近平总书记考察浙江重要讲话精神巡回宣讲活动，当地利用视频交互平台、"掌心临海"App、理论云学堂微信平台进行直播，在线观看近10万人次。

三、经验启示

　　实现管理运行智能化。在互联网、大数据蓬勃发展的背景下，"一中心四平台"智能运行体系通过电脑PC端、手机移动端、数字电视端、总部LED屏幕端四屏融合互动，实现与志愿汇、文化礼堂平台互联互通和资源共享，以数字化进行统筹整合管理，有力地推动新时代文明实践和文化礼堂整体智治的迭代升级。

　　实现服务群众精准化。"一中心四平台"智能运行体系覆盖面广、内容直观、操作简便、互动性强，有效整合活动场所、活动载体、志愿服务等资源要素，无缝对接群众需求，有效提升服务群众的精准度，成为基层群众参与文化文明活动的智能好助手，为群众享受便捷的文化服务提供有力的支撑。

实现公共服务均等化。通过搭建数字化的公共应用平台，发展普惠共享的数字公共文化服务，培育群众数字生活新应用新场景，加快推动公共文化服务的数字化转型步伐，提升公共文化服务均等化、普惠化水平，不断缩小城乡、区域和人群间的服务水平差距，切实提升群众的获得感和幸福感。

构建云上家园　推进文化智融

（绍兴市柯桥区）

2021年4月28日，浙江省农村文化礼堂2.0版建设暨新时代文明实践中心建设工作现场会在绍兴市柯桥区召开，柯桥区"文智大脑"管理平台"智慧礼堂"系统建设经验向全省推广。

一、案例介绍

柯桥区的农村文化礼堂建设工作自2013年起步，先后投入近3亿元，高标准建成300个农村文化礼堂和社区文化家园，全力打造农民精神家园，搭建基层治理、助推乡村振兴的重要平台。其中，2019年建设农村文化礼堂36家，投入经费460.12万元；2020年建设农村文化礼堂19家，投入经费228.04万元；2021年完成"智慧礼堂"系统全覆盖，投入经费1056.84万元。全区现拥有四星级文化礼堂91个、五星级文化礼堂27个。

二、创新亮点

为有效推动农村文化礼堂与新时代文明实践中心建设融合发展，柯桥区提出并逐步搭建起"两文融和"三级架构体系。在区级层面，将文化礼堂总堂与文明实践区级中心融合，打造"文智大脑"管理平台，实现数据归集、后台分析、资源整合、协调指挥的功能定位；在镇级层面，将文化礼堂分堂与文明实践所融合，借助"智慧礼堂"系统实现区域管理融合；在村级层面，将文化礼堂与文明实践站融合，实现人员、队伍、活动融合。

1. 建智慧平台，集成资源实现"云共享"

牢牢把握"数字＋"，整合政府、科技、网络、媒体等资源，搭建集服务、娱乐、管理等于一体的"乡村智慧大脑"，有效打通智慧文化服务的"起始一公里"。一是集纳部门服务资源。坚持共建共享，在开通线上宣讲、云上文化服务的基础上，引入多部门资源、社会化参与、民众化共享、多主体联动的集成机制，建立了人社、卫健、科技、民政等17个部门提供的8大类30小项、千余条涉及民生服务、政务服务、志愿服务等内容供给，有效推动政府公共服务资源向农村、向门口、向指尖延伸和转移。二是集成网络技术手段。引入智能触控、语音识别、网络直播、有声读物等10余种最新技术元素，让人民群众的文化生活更智慧、更便捷、更丰富，有效提升了文化获得感。如与科大讯飞合作定制绍兴方言语音搜索模块；与喜马拉雅合作开设扫码即可免费听书的"有声图书馆"，扫码阅读已达20万次。每年投入40万元向腾讯、爱奇艺、华数等国内一线供应商购买影视、教育、科技等近600部数字资源，获得使用和更新授权，实现"总部平台一次付费、全区礼堂免费共享"。三是集聚新兴媒体平台。利用抖音、快手、微视频、公众号等媒体平台，推出"小柯开讲"线上宣讲、"后浪眼中的柯桥"微视频大赛、年宵花会抖音大赛、"'象'我挑战"云上象棋赛等活动56场，吸引近万名青年参与；将笛扬App、数字报、柯桥发布等媒体纳入智慧礼堂平台，即时为农村群众提供时事新闻资讯。利用网络直播平台，将周末剧场、文艺晚会、各类赛事进行线上互动直播，实现"一处活动、多处共享"，目前已直播45场，分享1200余场次。

2. 用数字算法，打通文化供给"云链条"

依托数智云平台在线申报、科学分析、精准供给的闭环式活动运行体系，成功打通了文化服务的"最后一公里"，使活动供给更接地气、更对脾气、更有人气。一是推行在线化管理。通过"数智礼堂"平台，实现礼堂活动即时填报、实时测评、随时掌握，打破时空限制实现全地域、全天候管理。建立"宣讲响亮指数""活动活跃指数""镇街文明指数"等评价机制，按月对全区各礼堂、各镇街活动开展情况进行排名，以动态数据直观反映活动质量和水准，全区活跃指数、响亮指数分别从初期的61.79分、216.17分上升至目前的87.15分、334.29分，成为星级评定的重要依据和提升内容质量的重要抓手。二是采用数据化分析。利用后台技术对300个礼堂近万场活动的数据进行撷取、管理和分析，通过"智慧大脑"平台实时呈现反馈各个礼堂的活跃度、各类群体的参与度、各项活动的欢迎度；同时在智慧礼堂平台开通"云留言"板块，通过在线留言了解群众诉求、倾听百姓呼声，为文化内容精准、有效供给提供直观可靠的决策依据。三是加强精准化供给。根据数据分析，对活动内容供给进行适时调整，及时将群众爱听、爱看、爱参与的名家经典戏曲、健康养生讲座、时尚生活培训等活动进行增补，实现精准有效派送。如开展"五朵'梅花'送精品越剧进礼堂"30余场，名医在线答疑、名师线上授课154场，场场爆满，反响热烈；疫情期间推出"百村文艺云上行""云上文化走亲"等活动26场，在线创作推广抗疫文艺作品百余个，广受欢迎。

3. 强数智赋能，增添乡村振兴"云动力"

把文化礼堂作为"四治融合"的重要载体，积极探索数字赋能乡村振兴、基层柔性治理的新路子。一是云上推介助农富。策划举办"数智礼堂"杯乡村振兴农民主播大赛，以直播形式助农、助工、助游、助商，吸引围观十余万人次，诞生优秀主播20人，举办竹笋、酱油、日铸茶等土特产"云上直播带货"56场，销售额160余万元，为农户带来了实实在在的收益，为农业升级发展注入了新的动力。二是码上实践塑最美。依托"趣缘、业缘、地缘"网聚12.55万名志愿者，组建1679支志愿实践团队，开展21561场"13＋N"类志愿实践活动。通过"文明实践地图"，实时查询参与身边的志愿活动，利用微信扫描实现"码上实践"，营造"随手公益、人人志愿"的全域化志愿，挖掘培育以"最萌鞠躬礼""最美救护群像"为代表的好人群像，打造"有礼有爱之城"。三是网聚人气促民和。数智平台的搭建和智能供给的实现，更加精准、便捷、有效地丰富了群众的精神文化生活，和谐了邻里关系，拉近了干群距离，有效净化了乡村社会风气，文化礼堂已成为农民群众愿意来、主动来、留得住的"乡村文化客厅"和"基层矛调中心"，2020年柯桥区村级换届选举、拆迁签约90％以上在文化礼堂内举行。

三、案例评析

柯桥区"智慧礼堂"建设是数字化改革纵向深入文化惠民、文化富民工作的有效尝试，以此为依托的"两文融和"三级架构体系，进一步丰富了农村文化礼堂和社区文化家园的内核，同时有效促进新时代文明实践工作扎根基层，有效满足了群众精神文化需求，构建起网上网下一体化的基层思想政治建设主阵地。下一步，柯桥区将深入探索农村文化礼堂与新时代文明实践中心的共建共享、同频共振，整体纳入智慧社区、未来社区建设系统，在进一步优化平台建设、规范平台管理、充实服务内容、拓展服务领域的基础上，推进建设"掌上礼堂"，打造以礼堂风采、云上讲堂、云端秀场、在线管理等为主要内容的指尖智慧文化大脑，推动智慧礼堂服务内容资源由所在地向线上拓展、由PC端向手机端转移，使老百姓获得礼堂服务的渠道更加多元、方式更加便捷。

大 事 记

1月新建1000家农村文化礼堂列入省政府2013年十方面民生实事项目；

3月在临安举行浙江省农村文化礼堂建设工作现场会；

3月编写《农村文化礼堂建设操作手册》；

4月印发《关于成立浙江省农村文化礼堂建设工作领导小组的通知》（浙委办发〔2013〕34号）；

5月印发《关于推进农村文化礼堂建设的意见》（浙委办发〔2013〕37号）；

5月省委宣传部联合各部门赴11市集中开展调研指导；

6月发布浙江农村文化礼堂Logo；

7月在湖州市召开各市委宣传部分管部长会议；

8月印发《浙江省农村文化礼堂建设先进县（市、区）评定奖补办法》（浙宣〔2013〕28号）；

10月在遂昌召开部分县（市、区）宣传部长座谈会；

11月在台州市召开浙江省农村文化礼堂建设工作推进会。

2014年

1月印发《关于做好农村文化礼堂浙江省统一标识亮化工作的通知》；

1月新增农村文化礼堂1000个，列入省政府十方面民生实事项目；

1月启动"浙江省送影院进农村文化礼堂·送文化进万家"活动；

2月召开农村文化礼堂建设工作理论研讨会；

3月在台州市召开浙江省农村文化礼堂建设工作现场会；

3月在杭州市召开浙江省农村文化礼堂建设工作领导小组会议；

8月开展浙江省农村文化礼堂建筑设计大赛；

9月举办浙江省农村文化礼堂建设工作研讨班；

9月印发《关于在农村文化礼堂广泛开展新中国成立65周年群众性庆祝活动的通知》（浙文礼办电〔2014〕3号）；

10月开展农村文化礼堂"理事会负责制"试点；

10月开展农村文化礼堂"星期日活动"；

11月在杭州市西湖文化广场举行2014年浙江省农村文化礼堂成果展演。

2015年

1月在杭州召开农村文化礼堂建设工作研讨会；

1月新增农村文化礼堂1000个，列入省政府十方面民生实事项目；

2月在杭州市萧山区举办2015年浙江省农村文化礼堂"我们的村晚"活动；

4月印发《2015年浙江省农村文化礼堂建设实施意见》（浙宣〔2015〕24号）；

4月在湖州市德清县召开浙江农村文化礼堂建设工作现场会；

4月举行浙江省"美丽非遗进礼堂"出征授旗仪式和浙江网上文化礼堂华数平台开通仪式；

9月在龙游举办浙江省农村文化礼堂建设工作研讨班；

12月以农村文化礼堂为蓝本，浙江省被文化部列为全国基层综合性文化服务中心建设工作试点省。

2016年

1月在嘉兴召开农村文化礼堂城市文化公园社区文化家园工作座谈会；

1月新增农村文化礼堂1000个，列入省政府十方面民生实事项目；

2月在杭州市余杭区举办2016年浙江省农村文化礼堂"我们的村晚"活动；

4月在东阳市召开浙江省农村文化礼堂建设工作现场会；

7月举办浙江省农村文化礼堂建设骨干示范培训班；

9月在湖州市德清县举行"百名教授回乡走进百家文化礼堂"启动仪式；

12月在杭州市举办2016年浙江省农村文化礼堂群众文艺展演。

2017年

1月在杭州市西湖区举办2017年浙江省农村文化礼堂"我们的村晚"活动；

1月新增农村文化礼堂1000个，列入省政府十方面民生实事项目；

4月印发《关于推进农村文化礼堂长效机制建设的意见》（浙委办发

〔2017〕22号）；

4月在杭州召开浙江省农村文化礼堂建设工作领导小组会议；

4月在嘉兴市召开浙江省农村文化礼堂建设工作现场会；

8月在台州市召开浙江省农村文化礼堂建设工作推进会；

8月印发《关于印发〈浙江省农村文化礼堂星级管理办法（试行）〉的通知》（浙宣〔2017〕46号）；

10月制定《农村文化礼堂建设标准》；

11月印发《关于组织开展"凝心聚力——党的十九大精神进文化礼堂"系列宣传活动的通知》（浙宣电〔2017〕42号）；

11月在临安组织农村文化礼堂工作调研；

12月在德清召开农村文化礼堂工作务虚会；

12月组织11个市成立检查组对各地农村文化礼堂建设情况进行考察评估。

2018年

1月新增农村文化礼堂3000个，列入省政府十方面民生实事项目；

2月在德清县举办2018年浙江省农村文化礼堂"我们的村晚"省主场活动；

3月开展第一届"最美文化礼堂人"评选活动；

4月在杭州召开省农村文化礼堂建设工作领导小组会议；

4月在温州市召开浙江省基层宣传思想文化工作暨农村文化礼堂建设工作推进会；

6月印发《浙江省农村文化礼堂建设实施纲要（2018—2022年）》（浙委办发〔2018〕41号）；

6月在杭州举办浙江省首届农村文化礼堂"村晚"文艺骨干培训班；

9月印发《浙江省农村文化礼堂建设示范县（市、区）示范乡镇（街道）评价办法（试行）》（浙宣〔2018〕41号）；

9月在建德市三都镇举办"我们的家园——万家农村文化礼堂庆丰收"活动省主会场活动；

9月在江山召开浙江省农村文化礼堂建设工作座谈会；

10月组织编写《农村文化礼堂建设典型案例》和《我们的礼堂故事》；

12月开展浙江省文化礼堂交叉考核评估工作。

2019年

1月印发《关于印发浙江省健康素养进农村文化礼堂三年行动计划的通知》（浙卫发〔2019〕3号）；

2月在富阳举办2019年浙江省农村文化礼堂"我们的村晚"省主场活动，浙江省举办11364场；

2月"支持文化礼堂建设"被写入中央一号文件；

3月开展浙江省农村文化礼堂调研活动；

4月印发《推进社区教育进农村文化礼堂三年行动计划（2019—2021年）》（浙教职成〔2019〕27号）；

4月在宁波市召开浙江省农村文化礼堂建设工作现场会；

4月开展"万名宣传干部服务万家文化礼堂"活动；

9月在义乌市举办"万家文化礼堂千家爱国主义教育基地升国旗奏国歌"喜迎国庆省主场活动；

10月在海宁市举办浙江省体育进文化礼堂"棋类先行"启动仪式。

2020年

1月在杭州市临安区举办2020年浙江省农村文化礼堂"我们的村晚"省主场活动；

2月浙江省农村文化礼堂开展抗疫活动；

4月印发《浙江省体育进农村文化礼堂三年行动计划（2020—2022年）》（浙体群〔2020〕86号）；

5月开展2020年书香文化礼堂建设试点工作；

5月在临海市举办浙江省新时代文明实践中心暨农村文化礼堂建设推进会；

11月启动"我们的村运"浙江省农村文化礼堂运动会。

2021年

4月开展"礼堂家"农村文化礼堂智慧服务应用建设；

4月在绍兴市柯桥区召开浙江省农村文化礼堂2.0版建设暨新时代文明实践中心建设工作现场会；

5月S0版"礼堂家"应用在浙里办上线；

7月启动浙江省文化礼堂数字化改革及"礼堂家"应用培训；

8月迭代升级S1版"礼堂家"应用，累计开展活动超2万场，服务159万人次，收到群众评价反馈超5万条；

10月开展浙江省农村文化礼堂"我们的村礼"征集活动；

10月完成浙江省文化礼堂数字化改革及"礼堂家"应用培训（除两个系统对接地市外）；

12月迭代升级S2版"礼堂家"应用，累计开展活动超22万场，服务

3000万人次，收到群众评价反馈超40万条。

12月联合浙江省财政厅印发《关于进一步提升基层宣传文化阵地效能的通知》。

2022年

1月举办"共同富裕　幸福乡村——2022我们的村晚"，首次以"云上村晚"形式举行；

1月"礼堂家"智慧服务应用入选省发展改革委数字社会案例集（第五批）；

2月中央一号文件推广浙江经验，提出支持开展村歌、"村晚"、农民运动会等活动；

2月新建农村文化礼堂600家列入2022年省政府十方面民生实事项目；

3月联合阿里开展"蓝马甲助老防骗礼堂公益行"；

3月启动浙江省农村文化礼堂赋能共同富裕引领计划，开展项目申报工作；

3月"礼堂家"智慧服务应用在首次浙江省数字文化系统建设工作推进会上作经验介绍；

4月印发《关于实施浙江省农村文化礼堂效能提升十大举措的通知》；

7月举办文化礼堂赋能共同富裕引领计划项目路演直播活动；

7月开展浙江省农村文化礼堂使用情况调研工作；

8月举办特色文化礼堂路演活动。

相关报道

1.《借巢引凤　农村宗祠成文化礼堂》,《农民日报》, 2013 年 6 月 15 日;

2.《以文化礼堂凝聚乡土精气神》,《人民日报》, 2013 年 8 月 13 日;

3.《浙江:乡村礼堂"种"文化》,《经济日报》, 2014 年 1 月 12 日;

4.《浙江文化礼堂激活正能量:把文明乡风种进农民心田》,《人民日报》, 2014 年 2 月 24 日;

5.《农村文化礼堂:从公共空间到社区营造》,《浙江日报》, 2014 年 4 月 25 日;

6.《话说"农村文化礼堂"》,《浙江日报》, 2014 年 5 月 5 日;

7.《打造弘扬核心价值观新阵地——关于浙江省农村文化礼堂建设的实践与思考》,《人民日报》, 2014 年 8 月 17 日;

8.《让核心价值观旗帜飘扬在文化阵地上》,《人民日报》, 2014 年 8 月 17 日;

9.《提升建管用水平实现常态长效发展——浙江农村文化礼堂建设工作研讨会综述》,《浙江日报》, 2015 年 1 月 16 日;

10.《影响和改变农村的三件事》,《浙江日报》, 2015 年 3 月 11 日;

11.《礼堂文化,我们的文化》,《浙江日报》, 2015 年 4 月 20 日;

12.《凝魂聚气润心田——温州文化礼堂建设纪事》,《浙江日报》,

2015年4月21日；

13.《九华村文化礼堂建成乡村新"客厅"》，《农民日报》，2015年10月24日；

14.《让文化礼堂成为群众的精神家园》，《农民日报》，2015年12月2日；

15.《身有所栖心有所寄》，《浙江日报》，2016年3月15日；

16.《打好文化礼堂建设组合拳》，《浙江日报》，2016年4月14日；

17.《小康学堂 照亮乡村》，《浙江日报》，2016年4月19日；

18.《上田文化礼堂，村民精神家园》，《浙江日报》，2016年9月6日；

19.《文化礼堂就是村民的精神家园》，《农民日报》，2016年10月14日；

20.《永嘉农村文化礼堂铸就乡村大文明》，《农民日报》，2016年10月31日；

21.《温州：文化礼堂构筑城乡群众精神家园》，《经济日报》，2016年11月17日；

22.《文化礼堂激活乡村文脉》，《经济日报》，2016年11月20日；

23.《"文化礼堂"成乡村游景点》，《农民日报》，2016年12月9日；

24.《文明新风泽润民生》，《经济日报》，2017年3月23日；

25.《文化礼堂乡村公共空间与基层社会建设》，《浙江日报》，2017年4月19日；

26.《文化礼堂：乡村文化治理的创新范例》，《浙江日报》，2017年4月24日；

27.《浙江文化礼堂建设走笔：此心安处是吾乡》，《光明日报》，2017年6月1日；

28.《浙江4年建成6527个农村文化礼堂》，《农民日报》，2017年6月1日；

29.《浙江衢州文化礼堂成农民"精神家园"》,《农民日报》,2017年6月9日;

30.《浙江省金华市安地镇:乡土文化进礼堂》,《农民日报》,2017年7月10日;

31.《让文化礼堂成孩子暑假乐园》,《浙江日报》,2017年8月18日;

32.《文化自信,浙江的绚丽笔触》,《浙江日报》,2017年9月26日;

33.《金华农村文化礼堂让村民把心留在这里》,《浙江日报》,2017年12月11日;

34.《倾听"浙"里的文化足音(上)》,《浙江日报》,2017年12月22日;

35.《让农村文化礼堂"活"起来》,《农民日报》,2018年1月4日;

36.《浙江广泛开展"放歌新时代、文化进万家"活动——让文艺服务扎根基层》,《经济日报》,2018年1月15日;

37.《南湖:打造农村全域文化地标》,《浙江日报》,2018年1月23日;

38.《农村文化礼堂成为"乡村文创客厅"》,《农民日报》,2018年3月14日;

39.《浙江:用"滴灌"作业办法建15000座以上农村文化礼堂》,《农民日报》,2018年4月13日;

40.《农村文化礼堂:浙江乡村文化精神新地标》,《光明日报》,2018年4月27日;

41.《新风化育上田人》,《光明日报》,2018年6月6日;

42.《"直播+文化礼堂":让乡村文化活起来》,《农民日报》,2018年7月29日;

43.《建设具有新时代特质的农村文化——关于进一步加强我省农村文化建设的调研报告》,《浙江日报》,2018年9月18日;

44.《浙江：万家礼堂立村头 文化大戏庆丰收》，《农民日报》，2018年9月22日；

45.《浙江6年建成万家农村文化礼堂》，《人民日报》，2018年9月26日；

46.《一景一故事，永嘉古村开通"家风文化"游》，《农民日报》，2018年10月24日；

47.《浙江：万家文化礼堂成农村"地标"》，《农民日报》，2018年10月24日；

48.《婺城文化礼堂驱动乡村振兴》，《人民日报海外版》，2018年11月22日；

49.《筑梦，共享美好生活——浙江改革开放40周年述评》，《浙江日报》，2018年12月15日；

50.《浙江莲都文化礼堂建设：因地制宜打好建管育用组合拳》，《浙江日报》，2018年12月19日；

51.《浙江："村晚"渐成乡村新年俗》，《农民日报》，2019年2月3日；

52.《提升文化礼堂助力乡村振兴》，《浙江日报》，2019年2月25日；

53.《让文化礼堂"动"起来》，《人民日报》，2020年1月13日；

54.《2020年全省农村文化礼堂"我们的村晚"落幕》，《浙江日报》，2020年1月18日；

55.《乐清文化礼堂给您拜年了》，《浙江日报》，2020年1月22日；

56.《日子越过越红火（走向我们的小康生活）》，《人民日报》，2020年8月16日；

57.《浙江缙云：公共文化体系建设让文化惠民利民》，《光明日报》，2020年11月24日；

58.《柯桥"智慧礼堂"更便民》，《浙江日报》，2021年4月28日；

59.《浙江磐安：一座文化特色馆点亮一个村》，《农民日报》，2021年5月11日；

60.《浙江：数字化引领农村文化礼堂升级》，《农民日报》，2021年5月6日；

61.《数字化：浙江农村文化礼堂"新跑道"》，《农民日报》，2021年7月29日；

62.《浙江着力打造精神文明高地——既要物质富裕，也要精神富有》，《人民日报》，2021年8月4日；

63.《浙江乐清：数字赋能农村文化礼堂探索乡村精神"共富"》，《光明日报》，2021年8月26日；

64.《鹿城：文化铸魂焕新千年古城》，《浙江日报》，2021年10月12日；

65.《从文明出发让幸福落脚》，《光明日报》，2021年11月11日；

66.《文化共享志愿暖城（建设更高水平文明城市）》，《人民日报》，2021年11月15日；

67.《见美 见富 见未来 浙江打造乡村大花园"富春山居图"》，《浙江日报》，2021年11月23日；

68.《把健身房建在百姓家门口（人民眼·全民健身）》，《人民日报》，2021年11月26日。

电视新闻报道

1. 浙江首期将建成1000家农村文化礼堂，浙江新闻联播，2013年3月28日；

2. 浙江今年拟建农村文化礼堂1700多个，浙江新闻联播，2013年6月19日；

3. 浙江千家农村文化礼堂好戏不断　广受百姓欢迎，浙江新闻联播，2013年11月24日；

4. 浙江启动"送影院进农村文化礼堂·送文化进万家"活动，浙江新闻联播，2014年1月21日；

5. 浙江：今年新增1000家以上农村文化礼堂，浙江新闻联播，2014年3月14日；

6. 浙江：一年来已建成农村文化礼堂1337家，浙江新闻联播，2014年3月21日；

7. 浙江：农村文化礼堂　风景这边独好，浙江新闻联播，2014年5月17日；

8. 浙江"农村文化礼堂"建设引发全国关注，浙江新闻联播，2014年5月30日；

9. 浙江：今年底将建成3000多家农村文化礼堂，浙江新闻联播，2014年8月30日；

10. 浙江：投入1000多万元推进阿克苏地区农村文化礼堂建设，浙江新闻联播，2014年9月26日；

11. 从文化礼堂到礼堂文化（上）浙江：农村文化礼堂成了议事堂连心堂，浙江新闻联播，2015年8月6日；

12. 从文化礼堂到礼堂文化（下）浙江：农村文化礼堂"激活"传统文化，浙江新闻联播，2015年8月10日；

13.（迎两会·年终民生答卷）浙江：农村文化礼堂　乡情充实"精神家园"，浙江新闻联播，2016年1月21日；

14. 浙江：今年新增农村文化礼堂（文化公园）1000个，浙江新闻联播，2016年1月29日；

15. 春节临近　各地农村文化礼堂好戏连台，浙江新闻联播，2016年1月29日；

16. 浙江：2020年农村文化礼堂将覆盖80％农村人口，浙江新闻联播，2016年4月13日；

17. 省助残特殊艺术进农村文化礼堂千场巡演在德清启动，浙江新闻联播，2016年12月1日；

18. 浙江：探索农村文化礼堂长效管理机制，浙江新闻联播，2017年1月6日；

19. 浙江：6500多个农村文化礼堂成为农民精神家园，浙江新闻联播，2017年1月7日；

20. 浙江：春节临近 农村文化礼堂好戏连台，浙江新闻联播，2017年1月10日；

21. 第三届农村文化礼堂"我们的村晚"今晚8：30播出，浙江新闻联播，2017年1月26日；

22. 浙江：今年新增1000个农村文化礼堂，浙江新闻联播，2017年2月16日；

23. 全省农村文化礼堂建设现场会在嘉兴举行，浙江新闻联播，2017年4月18日；

24. 浙江：已建成农村文化礼堂7277个，浙江新闻联播，2017年8月18日；

25. 国庆佳节 农村文化礼堂好戏连台，浙江新闻联播，2017年10月3日；

26. 2017浙江省农村文化礼堂优秀文艺展演举行，浙江新闻联播，2017年11月3日；

27. （民生实事"浙"一年）浙江："内外兼修"再升级 全省新建农村文化礼堂1389个，浙江新闻联播，2018年1月17日；

28. 浙江：今年新建农村文化礼堂3000个 2022年实现村级全覆盖，浙江新闻联播，2018年1月22日；

29.（欢天喜地过大年）浙江：农村文化礼堂闹盈盈，浙江新闻联播，2018年2月20日；

30. 全省基层宣传思想文化工作暨农村文化礼堂建设工作推进会在温州举行，浙江新闻联播，2018年4月13日；

31.（今日快讯）浙江省地质灾害防治知识进农村文化礼堂，浙江新闻联播，2018年5月14日；

32. 浙江：建成10000家农村文化礼堂 富裕后农民有了精神家园，浙江新闻联播，2018年9月21日；

33. 丰年庆佳节 亿万农民喜迎"中国农民丰收节"，央视新闻联播，2018年9月22日；

34. 省政协委员视察农村文化礼堂，浙江新闻联播，2018年10月10日；

35. 从"千万工程"到"乡村振兴"，央视新闻联播，2019年1月3日；

36. 除夕近 各地活动丰富 年味十足，央视新闻联播。2019年2月3日；

37. 浙江：今年将新建成农村文化礼堂3000家，浙江新闻联播，2019年4月19日；

38. 我省举行"万家文化礼堂千家爱国主义教育基地升国旗奏国歌"活动，浙江新闻联播，2019年9月11日；

39. 双节临近 各地多彩活动迎佳节，央视新闻联播，2019年9月11日；

40. 浙江省体育进农村文化礼堂活动在海宁启动，浙江新闻联播，2019年10月25日；

41.（贯彻四中全会精神 创新社会治理）浙江：用好农村文化礼堂创新乡村治理，浙江新闻联播，2019年11月10日；

42. 迎新春 文化活动添彩中国年，央视新闻联播，2020年1月24日；

43. 全省新时代文明实践中心暨农村文化礼堂建设推进会在临海举行，浙江新闻联播，2020年5月28日；

44. 全省农村文化礼堂运动会首站在桐庐举行，浙江新闻联播，2020年6月16日；

45. 全省农村文化礼堂2.0版建设暨新时代文明实践中心建设工作现场会在绍兴举行，浙江新闻联播，2021年4月28日；

46. 推进农村文化礼堂2.0版建设，浙江新闻联播，2021年4月30日；

47. 2022浙江省农村文化礼堂"我们的村晚"2月1日9：00浙江卫视播出，浙江新闻联播，2022年1月20日；

48. 龙腾虎跃庆新春　幸福美满中国年，央视新闻联播，2022年2月1日；

49. 浙江农村文化礼堂赋能共同富裕引领计划项目在余杭集中评选，浙江新闻联播，2022年7月13日；

50. 2022年浙江省农村文化礼堂运动会启动，浙江新闻联播，2022年8月5日。